黑龙江省旅游品牌体系建设研究报告

孙梦阳　葛　磊　刘庆川　著

北京航空航天大学出版社

内容简介

本书详细梳理了2009年以来黑龙江省旅游品牌的发展历程及现状，深入分析了游客对于黑龙江省旅游品牌的认知和愿景等，提出了黑龙江省旅游品牌定位及建设框架，搭建了以品牌口号、形象品牌和产品品牌为主体的黑龙江省旅游品牌体系，剖析了国内外旅游目的地旅游品牌的体系构建及营销推广经验，挖掘并打造了黑龙江省区域旅游IP(知识产权)，以此诠释黑龙江省旅游的品牌个性和区域魅力。这些研究及分析对于进一步深化黑龙江省文化和旅游领域供给侧结构性改革，构建黑龙江省旅游品牌体系，深入挖掘自身优势和特色，加快黑龙江省旅游业转型升级具有非常重要的意义和价值。

本书可作为普通高等院校旅游管理类专业品牌管理及市场营销课程的教学案例用书，也可供旅游主管部门管理者、旅游目的地公关咨询公司从业者及相关从业人员阅读参考。

图书在版编目(CIP)数据

黑龙江省旅游品牌体系建设研究报告 / 孙梦阳，葛磊，刘庆川著. -- 北京 ：北京航空航天大学出版社，2021.4

ISBN 978-7-5124-3500-1

Ⅰ. ①黑… Ⅱ. ①孙… ②葛… ③刘… Ⅲ. ①地方旅游业－品牌战略－研究报告－黑龙江省 Ⅳ. ①F592.735

中国版本图书馆CIP数据核字(2021)第070495号

黑龙江省旅游品牌体系建设研究报告

孙梦阳　葛　磊　刘庆川　著

策划编辑　董　瑞　　责任编辑　周华玲

*

北京航空航天大学出版社出版发行

北京市海淀区学院路37号(邮编100191)　http://www.buaapress.com.cn

发行部电话：(010)82317024　传真：(010)82328026

读者信箱：goodtextbook@126.com　邮购电话：(010)82316936

北京九州迅驰传媒文化有限公司印装　各地书店经销

*

开本：710×1 000　1/16　印张：11　字数：164千字

2021年6月第1版　2021年6月第1次印刷

ISBN 978-7-5124-3500-1　定价：48.00元

若本书有倒页、脱页、缺页等印装质量问题，请与本社发行部联系调换。联系电话：(010)82317024

序言：黑龙江省旅游品牌的蝶变

2014年年底，我和团队接受了黑龙江省旅游局的委托，开始承担黑龙江省（简称黑龙江）旅游的整合营销工作。从2014年到2020年，与黑龙江结缘6年，从内心里，我已经把自己视为黑龙江的一分子，我经常和身边的朋友说：你可能不知道，是黑龙江大小兴安岭的木头，支撑了新中国的城市建设；是黑龙江大庆油田的石油，支撑了新中国的工业运行；黑龙江从千里湿地垦荒而来的千里良田，至今仍支撑着千万中国人的饭碗。而今，旅游正在成为黑龙江产业转型的一个新的出口——很少有人知道，黑龙江省是中国生态最优越的省份之一，这里有22万平方公里的森林，5万平方公里的湿地，旅游最有这个可能，以一种可持续的模式，让黑龙江的“青山绿水”变成“金山银山”。

旅游的竞争，最高层面的竞争就是品牌竞争。6年间，我们亲身经历了黑龙江旅游品牌的嬗变。从早期的“自然黑龙江”，到“畅爽龙江”，再到“北国好风光·尽在黑龙江”，黑龙江从突出自身的资源优势，到凸显对游客的价值属性，进而凝练出一种由衷的“旅游自信”——兼收并蓄的胸怀、豪爽热情的性格、勇攀高峰的态度、荡气回肠的文化、丰富多样的生态，共同构成了“北国好风光·尽在黑龙江”的品牌内涵。

旅游品牌的竞争力，不只在于品牌所呈现的“形象”，更在于品牌如何履行“承诺”。在黑龙江旅游品牌的发展实践中，比整体品牌更加深耕细作的，是支撑整体品牌的季节品牌、产品品牌和区域品牌。

在经过了数以千万的大数据分析和数千份的游客样本调研后，我们发现了几个基本情况：87%的受访者会考虑冬天黑龙江旅游，54%的受访者会考虑夏天来黑龙江旅游；冬天来黑龙江的游客，是第一次来的更多，夏天来黑龙江的游客，是第二次、第三次来的更多；南方的游客，更倾向于冬天来黑龙江，主要目的是看雪，而北方的游客，则更倾向于夏天来黑龙江，主要目的是避暑。

由此可知，在季节性旅游品牌打造中，黑龙江面临两个挑战——其一，要强化“中国第一冰雪旅游目的地”的“江湖地位”；其二，要把夏季旅游打造为黑龙江旅游的新增长极。

2014年冬天，黑龙江首次推出了冬季旅游品牌——“冰雪之冠”。这一品牌延续至今，不仅逐渐被全国游客认同，也在黑龙江省内获得了广泛的支持——2016年太阳岛雪博会，主雕雪堡被命名为“冰雪之冠”；2017年冰雪大世界，主雕冰塔被命名为“冰雪之冠”；2018年黑龙江歌舞剧院，冬季驻场交响音乐会被命名为“冰雪之冠”；黑龙江最著名的冬季旅游景区组建了“‘冰雪之冠’产品联盟”，连续多年在全国进行巡回路演……。而夏季旅游，亦推出了“避暑胜地”的季节性品牌，实事求是地讲，此品牌仍处于品牌探索、核心产品孵化和综合提升的培育阶段。

旅游营销有其独特性：产品即营销。任何旅游品牌的构建，最终都要仰赖于消费者的体验和口碑，旅游产品是旅游品牌的最核心支撑。我们对旅游供给侧的发展有一个基本判断：产品创新的驱动力将更多来自于细分市场，主题化产品是趋势所在。在这个认识的基础上，基于自驾游，黑龙江推出了旨在打造全国顶级自驾线路的“中国两极穿越”（从中国大陆出现第一缕阳光的东极抚远到有极光出没的北极漠河）；基于亲子游，黑龙江推出了“我和动物做朋友”（其中齐齐哈尔的“我和小鹤做朋友”已发展成为全国知名的研学品牌）与“冰雪小勇士”；基于康养游，黑龙江推出了“重返青春岁月”；基于大学生旅游，黑龙江推出了“壮游黑龙江”……

黑龙江旅游品牌的演变，显示出黑龙江旅游发展的一种态度——品牌的构建与产品的构建紧密协同，甚至品牌要引领产品的发展，这一态度在地市旅游品牌的构建上同样突出。

在中国城市旅游品牌创建中，哈尔滨是一座值得尊敬的城市。这座城市有多种文化，但选择了“冰文化”作为城市旅游品牌的立足点，经过50多年持续不断的深耕和推广，以“冰雪大世界”为代表的“冰”主题旅游产品深入人心，在大众的认知中，“冰城”就等同于哈尔滨。

再以伊春为例，这是小兴安岭大森林的腹地，红松的故乡。早期伊春在做旅游推广时，打出了“中国林都”的口号，很响亮，也很准确，就是强化“森林”这一优势资源；后来，伊春的旅游口号改成了“森林深处，遇见伊春”，也很妙，让人们更加期待森林旅游的可体验性，比如漂流，比如户外运动；2018年，我去伊春，提出了伊春旅游品牌3.0的概念——“伊春，森林里的家”，要把森林旅游真正做出效益，就要打森林旅居的概念，森林民宿、康养基地、度假村、营地，将成为新一代的产品重心。

本书的编纂，是黑龙江省旅游自我省察的过程，也是黑龙江省旅游对标和展望的过程，展现了黑龙江省旅游主管部门对市场的尊重，对游客的在意，对品牌发展的定力，对产品创新的决心。在和游客沟通的过程中，有一个有趣的现象：没有来过黑龙江的游客，形容黑龙江最多的四个词，从高到低分别是：寒冷、豪爽、生态、热情；来过黑龙江的游客，形容最多的依然是这四个词，只是顺序变了，依次为：热情、豪爽、生态、寒冷。

我想，真正的品牌，是与人心的连接。疫情给旅游市场带来的一个趋势，就是从人口红利的时代加速迈入人心红利的时代，消费者在做旅游决策时不再是简单的从众，而是会根据自己的兴趣、爱好和品味，做出个性化的选择。对黑龙江旅游而言，未来品牌的竞争可能不是超越其他目的地，而是走入游客的内心。

葛　磊

2020年12月8日

本著作由北京联合大学旅游管理国家重点一流专业建设经费资助

目　　录

第1章 绪 论

随着我国全面建成小康社会目标的推进，对我国旅游业的发展也提出了更高的要求，我国旅游业也随之迎来了发展的重要机遇期和新一轮黄金发展期，我国各个旅游目的地之间的竞争也日趋激烈。从旅游资源到旅游产品再到旅游目的地品牌，竞争呈现出递进升级的快速推进态势，越来越多的旅游目的地认识到旅游品牌建设与发展战略对于区域旅游业的重要性。

2019年8月，为了顺应人民群众文化和旅游消费提质转型升级新趋势，不断激发文化和旅游消费潜力，以高质量文化和旅游供给增强人民群众的获得感、幸福感，国务院办公厅印发了《关于进一步激发文化和旅游消费潜力的意见》。黑龙江省拥有丰富的旅游资源和独特的竞争优势，能够为人民群众文化和旅游消费提供多样的选择。黑龙江省多年来对于旅游业的深耕细作，为区域旅游奠定了坚实的发展基础，树立了良好的品牌形象。全面而深入地分析黑龙江省旅游品牌的现状，优化品牌定位以及建设思路，对于进一步深化文化和旅游领域供给侧结构性改革，深入挖掘自身优势和特色，助推人民群众提升幸福感，加快黑龙江省旅游业转型升级，具有非常重要的意义和价值。

1.1 研究目的和意义

1. 优化并进一步实施品牌战略

近年来，黑龙江省着力塑造特色鲜明的旅游目的地形象，推出了以大森林、大湖泊和大农田等为代表的优势旅游资源，打造了一些主题性的旅游产品。随着旅游业的转型升级以及文化旅游的深度融合，需要进一步思考如何优化并实施黑龙江省旅游品牌战略，深入推广传播广泛、社会认可度高的旅游目的地品牌，建立多层次、全产业链的品牌体系，提升区域内各类旅游品牌的影响力。

2. 建立并完善品牌管理系统

建立政府、行业、媒体、社区和游客等共同参与的品牌管理系统，整合利用各类宣传营销资源和渠道，建立推广联盟等合作平台，完善并深化上下结合、横向联动、多方参与的全域品牌管理体系。

3. 整合并提升区域品牌元素

黑龙江省旅游品牌的发展同其他省份一样，经历了自发到自觉的过程，品牌元素涉及品牌口号、形象标识、优势资源和核心产品等，每一个元素对于黑龙江省的旅游品牌资产都至关重要。面对新的发展环境与需求，需要重新梳理品牌元素，深入挖掘和展示黑龙江省合适的品牌元素，整合科技产业、文化节庆、体育赛事、特色企业、知名院校、乡风民俗、优良生态等旅游宣传推介，提升旅游整体吸引力。

4. 识别并制定品牌定位

品牌定位是旅游目的地在游客心目中独特的地位和情感，精确选择目标市场，以游客需求为导向，树立品牌定位的长期意识和全面营销的理念，明确黑龙江省旅游品牌和竞争品牌的差异性，加强各部门的协调沟通，实现品牌定位与市场开发无缝对接。制定客源市场开发规划和工作计划，切实做好品牌维护和提升。

5. 挖掘并培育区域性超级旅游 IP

深入挖掘黑龙江省自身的特色资源，引进专业的团队和资源力量，培育区域性的超级旅游 IP（Intellectual Property，知识产权），有效运用高层营销、网络营销、公众营销、节庆营销等多种方式，借助大数据分析加强市场调研，充分运用现代新媒体、新技术和新手段，立体化、拟人化地诠释黑龙江省旅游的品牌个性和区域魅力。

1.2 研究方法及数据来源

为了使黑龙江省旅游品牌的研究具有一定的可信性、科学性和前瞻性，本研究报告综合采用了定性研究方法和定量研究方法。

1. 定性研究方法

定性研究方法可以应用于社会科学的广泛的研究领域，主要采用深度访谈、现场调查和文本资料分析等非结构化的数据收集方法来探索主题和意义，以形成对所研究问题的深入理解与解读。本书中有关品牌及旅游品牌等相关概念的梳理、黑龙江省旅游品牌的现状分析以及各旅游目的地品牌建设案例等内容就采用了定性研究方法，主要采用了以下的定性数据收集方法和过程：

第一，深度访谈。在2019年6—9月，针对黑龙江省旅游品牌研究，调研小组对旅游专家学者、黑龙江省当地的旅游媒体、景区负责人、旅游达人、旅行社、组团社和游客等不同类型在内的28位受访对象，进行了一对一的面对面访问或者电话访问，访问内容包括：黑龙江省旅游的核心吸引物、黑龙江省旅游品牌的特性、品牌的表现及色彩、品牌营销宣传、特色产品的推广方式、自驾游的需求建议、游客的来源、需求偏好的差异、最关注的旅游要素等，以获取黑龙江省旅游品牌的深度信息，征求关于黑龙江省旅游品牌及营销和旅游行业发展等方面的宝贵建议。

第二，现场调查。在2019年5—6月，进行了实地现场调研和考察，获取信息的城市和景区包括：北京的朝阳公园和大悦城；上海外滩和商场；长春火车站和商圈；哈尔滨的中央大街、太阳岛、冰雪大世界、极地馆、东北虎林园、哈尔滨规划展览馆、亚布力；伊春的林海奇石；黑河的五大连池；齐齐哈尔的扎龙湿地；大庆的大庆博物馆和铁人王进喜纪念馆；牡丹江的雪乡。考察方面，主要考察了景区景点的发展现状，了解到黑龙江省各地发展的优势及困境。调研方面，主要了解现有游客和潜在游客的基础画像、目的地信息获取方式、旅游产品决策和购买方式、黑龙江省品牌的认知度和出游交通方式、住宿偏好、餐饮偏好、目的地购物倾向、目的地娱乐倾向等。

第三，文本资料分析。包括学术文献、官方统计数据、各研究机构（或在线旅游企业）的研究报告以及官方机构（或旅游类协会）的排行榜或发布结果等，涉及中国知网、国家统计局网站、文化和旅游部网站、黑龙江省文旅厅网站、中国旅游研究院报告、携程网、同程网、马蜂窝、驴妈妈等旅游业网站的数据或报告。

2. 定量研究方法

定量研究方法是用于了解普通消费者对于黑龙江省旅游品牌的认知及产品偏好，主要是基于调查问卷展开的，调查内容涉及对旅游行为习惯、偏好，对黑龙江省旅游资源的认知、不同主题旅游的认知及偏好等方面（问卷见附录1）。

调研时间为2019年5月13日—6月6日，采用实地调研和线上调研相结合的方式进行，目标群体为黑龙江省旅游客群。线下实地调研主要在哈尔滨、齐齐哈尔、北京、上海、长春等客源城市进行，线上调研采用问卷星，在专业旅游研究网络社群、旅游达人网络社群、旅游自媒体网络社群、重点院校大学生网络社群、旅行商网络社群、自驾旅游信息沟通群、社区业主社群以及所有调研人员熟人社群、亲友同事社群进行扩散。共回收问卷2778份，有效问卷2147份，有效率为77.3%。

此外，还结合2017年中青旅联科公司撰写的《黑龙江文旅品牌报告》的2160份调研数据和《黑龙江省国内旅游营销报告》的3843份调研数据以及4974万大数据样本量所形成的数据研究成果，共同作为本研究的数据依据。

第 2 章　黑龙江省旅游品牌现状分析

2.1　旅游品牌发展历程(2009—2020 年)

2.1.1　“北国风光 · 美在黑龙江”阶段

2009 年年初，黑龙江省委、省政府实施了“北国风光特色旅游开发区”战略，该省的旅游业进入了难得的发展时期，旅游部门借势而上，积极推动“大旅游、大宣传、大营销”行动。

此阶段黑龙江省推出了最有代表性的大森林、大湖泊、大湿地、大熔岩、大界江、大油田、大农田等优势旅游资源，打出了“北国风光 · 美在黑龙江”的宣传口号。在权威媒体中央电视台相关频道推出了黑龙江旅游广告，此举成功树立了黑龙江的旅游整体形象，极大地提高了旅游业知名度和影响力，在全国引起强烈反响，也直接促成了 2009 年黑龙江夏季旅游市场的火爆局面。

2010 年，中国旅游出版社出版了《北国风光 · 美在黑龙江——黑龙江导游词》一书，进一步提升了其品牌影响力。

2.1.2　“畅爽龙江”阶段

2015 年 5 月，“避暑胜地 · 畅爽龙江”黑龙江夏季旅游产品推介会在北京《人民日报》社新媒体大厦举行，这也是“畅爽龙江”第一次作为黑龙江整体旅游品牌公开亮相。

推介会以“避暑胜地 · 畅爽龙江”品牌为核心，将黑龙江省的湿地、森林、界江等优质的生态资源和哈尔滨城市文化、中俄边境文化、北大荒文化等独有的文化资源进行了一一推介，吸引了众多旅行社、OTA、自驾车俱乐部和知名媒体参加。

“畅爽龙江”品牌重点突出了黑龙江旅游“舒畅的感受”，并表达了夏季凉爽、冬季冰爽的资源特性。该产品是对“北国风光·美在黑龙江”品牌的一次阶段提升，使得黑龙江旅游品牌从“资源型品牌”升级成为了“感受型品牌”。“畅爽龙江”是一个站在游客角度、以突出旅游感受为关键点的品牌，更加迎合了游客对黑龙江旅游的期待与诉求，也成功将黑龙江打造成了一个有人文情怀和价值感受的旅游目的地。

同期，黑龙江还召开了第一届湿地旅游论坛，并在论坛上发布了以“爽”为关键字的旅游吉祥物——爽爽虎。这是黑龙江旅游品牌的第一次形象化延展，也是品牌IP的第一次落地转化。之后，基于“爽爽虎”形象的各类衍生品及文创商品得到细化、创新和宣传，也进一步推广了“畅爽龙江”品牌。

2.1.3 “北国好风光·尽在黑龙江”阶段

2018年在黑龙江省首届旅游产业发展大会上，省委省政府提出了“北国好风光·尽在黑龙江”的全新旅游品牌，用十个字涵盖了黑龙江省的旅游资源。

“北国好风光·尽在黑龙江”是黑龙江这个沿边大省历史积淀的自信，是文旅产业不断发展的成果，其兼收并蓄的胸怀、广纳天下的热情和勇攀高峰的态度、荡气回肠的文化底蕴、波澜壮阔的自然风光、热情好客的风土人情，共同构成了“北国好风光·尽在黑龙江”的品牌内涵。

此外还设计了相应的品牌Logo，便于在营销推广中展现黑龙江的旅游形象。该Logo选用毛体字，纵横驰骋、笔墨潇洒，与黑龙江大气磅礴的旅游资源相得益彰（见图2-1）。

系统全面地剖析品牌内涵，有助于品牌体系的构建和完善。黑龙江旅游整体品牌目前缺少系统性的内涵解读，无法有效地展现黑龙江品牌的丰富内涵和旅游资源的优势性及市场竞争力，无法对黑龙江旅游品牌体系的

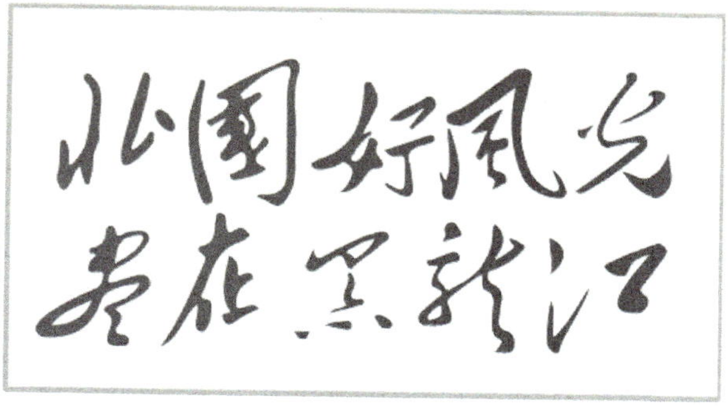

图 2-1　黑龙江现阶段旅游品牌 Logo

构建形成支撑作用。

而“北国”、“好风光”和“尽”是解读黑龙江省旅游品牌的关键字，可以从黑龙江区位、自然人文资源和游客市场认知等方面入手，对黑龙江省的旅游品牌内涵形成支撑（见图 2-2）。

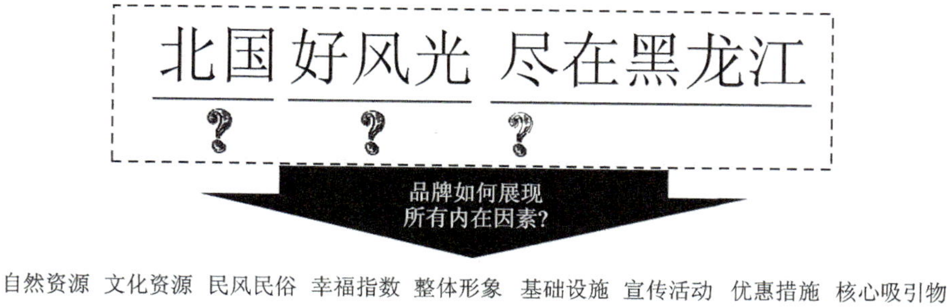

图 2-2　黑龙江省旅游整体品牌要素解析示意

区位优势性对“北国”的解读：“北国”是指我国北方地区，该词源于中国古代的分裂时期。现代称我国北方地区为北国，主要来源于毛泽东的著名诗歌《沁园春·雪》中“北国风光，千里冰封，万里雪飘”的诗句；大众熟知的现代京剧《智取威虎山》中，杨子荣站在林海雪原也有一段“好一派北国风光”的唱词。黑龙江地处中国最北区域，无论是北国冰雪风光还是北国人文风情，都独具特色和代表性，具有得天独厚的区位优势和资源优势，是名副其实的“北国”代表。

资源综合性对“好风光”的解读：黑龙江的“好风光”包含优越的自然风光和独特的人文风光，绿水青山、冰天雪地的生态环境与丰富多元的人文风光相融合，构成了黑龙江“北国好风光”的资源优势。

资源全面性对“尽”的解读：根据国家标准的资源分类法（GBT 18972—2017），将黑龙江省具有一定代表性的资源进行分类梳理发现，黑龙江省的旅游资源类别非常全面，而且冰雪、森林、湖泊湿地等拥有极高的资源禀赋，品级非常高。此外，省内还富含文化、城市、边境及农业乡村等优秀的旅游资源（见附录 2）。黑龙江旅游资源丰富多样，囊括了几乎所有最具特色的“北国风光”，资源占据众多中国乃至世界之最，且能满足游客的想象和期待（见图 2－3）。丰富的资源类别，极高的资源禀赋，是对“尽”字的有力支撑。

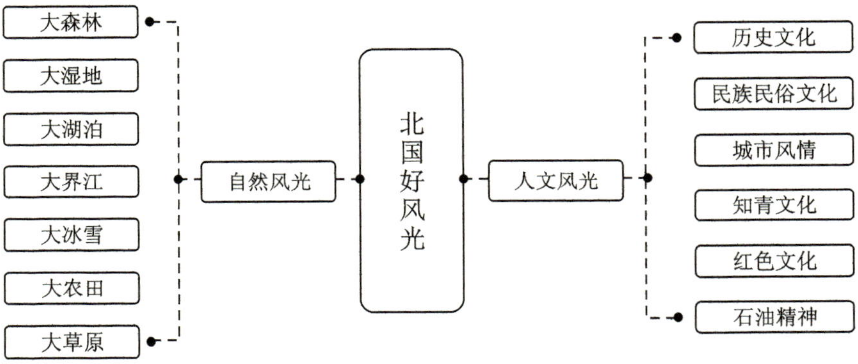

图 2－3 旅游资源对“北国好风光”的支撑示意

2.1.4 旅游子品牌的历史溯源

黑龙江各级旅游部门在品牌建设方面有着比较敏锐的嗅觉，早在全国各地域旅游品牌意识都比较淡薄的时候，黑龙江就借助电视剧《闯关东》的热播，推出了“闯关东·游龙江”主题精品线路，借关东影视热点，打造“关东风情”主题品牌形象。

此外，黑龙江大部分地市及重点景区也相继提出了自己的品牌口号，如五大连池风景区在 2012 年推出了“旅游休闲胜地、康疗养生天堂”的口号；鸡西则充分挖掘东北最大淡水湖兴凯湖的旅游资源，同样在 2012 年推出了“去北大荒看海”的旅游品牌；牡丹江宁安则推出了“花季宁安”的旅游品牌，主打赏花；佳木斯汤原县也推出了“四色旅游，养心胜地，魅力汤原”

的旅游品牌；齐齐哈尔在2015年推出了“世界大湿地、中国鹤家乡”的旅游品牌，打造“鹤城”的概念；大兴安岭地区推出了“神州北极，大美兴安”的旅游品牌，主打“最北”的概念；东部七市(牡丹江、佳木斯、鸡西、双鸭山、七台河、鹤岗、伊春)更是成立了旅游产业联盟，联合推介“两湖、两江、两岛、一都、一乡”旅游产品，打造了“江湖雪岛林都”的区域性旅游品牌。

基于对整体营销诉求的判断，黑龙江旅游又开始打造结构化、系统化的品牌体系，拓展旅游品牌的广度和深度，推出了一系列相关的旅游子品牌，主要有以下几种：

一是开展全季旅游品牌打造，强化“季节品牌”的概念，在2014年冬天推出了“冰雪之冠”的冬季旅游品牌，之后相继推出了“避暑胜地”“五花山色”“北国之春”等季节性旅游子品牌。

二是开展目标市场营销，推出“主题旅游品牌”。黑龙江省在对游客进行充分研究之后，推导出了几类重点客群，并有针对性地打造了一系列“主题旅游品牌”。例如，针对亲子客群打造了“我和动物做朋友”主题品牌，针对研学客群打造了“冰雪小勇士”主题品牌，针对大学生客群打造了“壮游黑龙江”主题品牌，针对老年知青群体打造了“重返青春岁月”主题品牌，针对自驾游客群打造了“中国两极穿越”主题品牌。

三是强化旅游商品和服务品质，提出了“龙江有礼”的旅游商品品牌和“龙江有型”的旅游服务品牌，不断完善品牌体系。

2.2 旅游品牌现状

2.2.1 省级旅游目的地品牌现状

随着旅游业的不断发展，越来越多的旅游目的地开始重视品牌的塑造、管理与提升。黑龙江省与其他省级旅游目的地一样，不断加强品牌辨识度、品牌新媒体传播以及品牌美誉度等维度的管理与分析。本书综合了2份公开发表的研究报告作为分析黑龙江省级旅游目的地品牌现状的依据，这2份报告是：

报告1：人民网舆情监测室、酷旅联合发布《中国旅游目的地品牌声誉指数(2017)》；

报告2：新浪网微舆情《2017中国旅游营销数据报告》。

在旅游目的地的发展过程中，通过公众对品牌的辨识度可考察旅游目的地的声誉传播广度。人们对该品牌的知晓度越高，品牌的识别能力越强。从旅游目的地品牌辨识度的角度来看，黑龙江省旅游品牌的认知度水平还有较大的提升空间。

从旅游目的地新媒体传播力的角度来看，黑龙江省得分为54.27。新媒体撬动了旅游创新营销方式，在提高旅游品牌的认知度和美誉度方面可以发挥重要的作用。例如，2017年中国旅游日，黑龙江省多地景区免费开放，这一旅游促销活动经过各种新媒体渠道的传播，促使该活动在2017年10大旅游促销活动中热度排名升至第3位。

2.2.2 冰雪旅游品牌现状

由于独特的区域与气候条件，冰雪旅游是黑龙江省旅游最重要的品牌，是黑龙江省众多城市发展旅游的重要支柱，根据携程跟团游和自由行的数据，冰雪旅游占牡丹江海林全年旅游收入的100%，占哈尔滨旅游收入的62%。由此可见，冰雪旅游的品牌知名度、美誉度和吸引力对于黑龙江省旅游业具有战略性的作用与意义。

近年来，我国多家研究机构、咨询公司或高校院所均发布了有关冰雪旅游的研究报告，本报告综合了2份研究报告和1份榜单作为分析黑龙江省冰雪旅游品牌现状的依据，这2份研究报告是中国旅游研究院与携程旅游公开发表的，1份榜单是人民网舆情监测室旅游大数据中心发布的。这2份报告及1份榜单名称如下：

冰雪旅游报告1：《中国冰雪旅游消费大数据报告(2019)》；

冰雪旅游报告2：《中国冰雪旅游消费大数据报告(2020)》；

冰雪旅游榜单：《2017年度冰雪旅游目的地品牌影响力排行榜》。

从冰雪旅游目的地品牌知名度的角度来看，哈尔滨和雪乡人气最旺，连续两年位居携程跟团游和自由行的预订首位。除此之外，黑龙江省的尚志和漠河也成为人气最高的传统冰雪旅游目的地。因此，从城市的角度来看，黑龙江省冰雪旅游最具品牌知名度和吸引力的是哈尔滨、牡丹江和大兴安岭地区。

数据显示，冰雪旅游仍以跟团游为主，超过 60％的游客前往冰雪旅游目的地是通过团队游完成的。

从冰雪旅游热门线路品牌知名度来看，哈尔滨、亚布力滑雪旅游度假区和雪乡三个旅游目的地不同组合方式的跟团游的品牌吸引力最强，连续两年位居十大冰雪线路人气榜榜首。除此之外的是漠河与内蒙古相邻的旅游目的地的线路。有所不同的是，2020 年的冰雪旅游线路显示出明显的跨区域性组合线路倾向，主要是与吉林省进行组合。另外，相关数据显示，漠河的品牌吸引力在不断上升，位居排行榜前 10。

从冰雪景区品牌知名度和影响力来看，哈尔滨冰雪大世界、哈尔滨太阳岛雪博会、哈尔滨伏尔加庄园、亚布力滑雪旅游度假区、中国雪乡（海林）、牡丹江镜泊湖、漠河北极村和五常雪谷，这些冰雪景区出现在了报告和榜单中。总体来看，以哈尔滨、牡丹江和漠河三地的景区为主。

从冰雪旅游品牌影响力的角度来看，黑龙江省的冰雪旅游品牌对于长三角和珠三角地区的游客最具吸引力。从携程的数据来看，哈尔滨和海林的游客主要来自上海、广州、南京、深圳、杭州和北京等地。

从冰雪旅游自由行的当地向导品牌知名度来看，哈尔滨和漠河两地的服务向导最具人气，这些当地向导建立个人品牌的主要方式是带客人深度体验特色项目，比如品尝东北菜、喂食驯鹿、冬捕和泼水等。

2.2.3　避暑旅游品牌现状

黑龙江省拥有湿地、森林和界江等优质的生态资源，而夏季凉爽的气候资源特性则使其成为重要的避暑旅游目的地。

近五年来，避暑旅游成为一个新的主题旅游方式，各研究机构和在线旅行商也发布了一些有关避暑旅游的研究报告。

本报告综合了 4 份公开发表的研究报告及 3 份公开发表的榜单作为分析黑龙江省避暑旅游品牌现状的依据，这 4 份报告及 3 份榜单名称如下：

避暑旅游研究报告1：中国旅游研究院、携程旅游大数据联合实验室发布的《2018年中国避暑旅游大数据报告》；

避暑旅游研究报告2：中国旅游研究院发布的《2019中国避暑旅游产业发展报告》；

避暑旅游研究报告3：TalkingData和中青旅联科（北京）公关顾问有限公司联合发布的《2017年夏季避暑游客大数据洞察报告》；

避暑旅游研究报告4：中国生态文明研究与促进会发布的《2018中国生态旅游发展报告》；

避暑旅游榜单1：《2017中外避暑旅游目的地排名》；

避暑旅游榜单2：《2018中外避暑旅游目的地排名》；

避暑旅游榜单3：《2019中外避暑旅游目的地排名》。

以上3份榜单由桂强芳全球竞争力研究会（CICC）、亚太环境保护协会（APEPA）、世界文化地理研究院（LCGA）环境舒适度研究室、天下口碑中心（CPPC）联合研究评价①。

从避暑生态资源的角度来看，《2018中国生态旅游发展报告》显示，黑龙江省国家级森林公园的数量和面积均排名全国第一；国家级自然保护区数量排名全国第一，面积排名全国第八，达到683.26万公顷；国家湿地公园的数量和面积均排名全国第四，湿地面积达到514.33万公顷；国家地质公园的数量排名全国第十，面积排名全国第六；国家级风景名胜区的数量排名全国第二十二，总量相对较少，但总面积却排名全国第五；国家水利风景区的数量排名全国第十一，国家生态旅游示范区数量排名全国第四。总体来看，黑龙江省在上述七个生态避暑资源维度的总量上排名全国第三，

① 中外避暑旅游目的地基本评价指标，包括8个方面：(1) 具有浓郁的地域人文、生态、景观旅游资源禀赋及旅居康养产业发展优势；(2) 具有夏季热月特别是最热月适于避暑的地势、海拔、气温、日照、紫外线、风力、雨量、空气湿度、空气清新度、高负氧离子量等综合旅居环境舒适度优势，宜于夏季出行的舒适度天数相对较多，极端高温、影响出行时日短促；(3) 综合植被覆盖率与土地绿化率较高，沙尘与细颗粒气象影响较小；(4) 主要水系水体水质较好并注意综合维护治理，旅游者可获得较好的亲水感受；(5) 重视旅游吸引物与品牌形象塑造、旅游基础设施与服务体系建设的完善、旅游市场和夏令主题活动的组织；(6) 重视生态保育、植被繁育、低碳生活、清洁卫生、园艺景观等营造，生态环境系统及生物多样性较好；(7) 倡导绿色出行与低碳生活，善于利用山地、森林、草原、海滩、田园等自然资源为旅游者提供夏令降温、纳凉、避暑、康乐享受；(8) 远足旅游者通过实地体验对当地夏季旅游舒适度给予较好的评价。

具备极强的避暑资源优势，不愧为中国的“森林之冠”。

从避暑旅游目的地品牌知名度的角度来看，黑龙江省的旅游城市主要是哈尔滨和北大荒农垦城市群（以红兴隆为标志）入选避暑旅游名城榜单，其他入选的旅游目的地主要来自云南、贵州、青海、山东和内蒙古等省市（具体见附录4）。这些地方不仅在气候条件方面具备优势，也是国内知名的旅游目的地，在旅游资源丰富性、交通运力、酒店接待能力和旅游整体满意度上均处于优势地位。

从避暑旅游资源品牌知名度的角度来看，黑龙江省的避暑旅游资源以湿地和森林为主，而这些资源主要分布在哈尔滨、齐齐哈尔、牡丹江、伊春、黑河和大兴安岭等地。

从避暑旅游景区品牌知名度的角度来看，哈尔滨的太阳岛景区、呼兰河口湿地公园、伏尔加庄园、牡丹江的镜泊湖景区、亚布力旅游度假区和漠河北极村是黑龙江省避暑旅游最具人气的前6位景区。

从避暑旅游品牌影响力的角度来看，黑龙江省的避暑旅游品牌对东北三省以及北京的游客最具吸引力。

2.2.4 体育旅游品牌现状

我国体育旅游产业已经步入快速发展、深度融合的新时期，各个旅游目的地都在推动体育旅游产业的升级和可持续发展，黑龙江省旅游资源丰富，季节性景观差异大，适合开展不同季节的户外活动，具有开展体育旅游的先天性优势。经过多年的发展与积淀，黑龙江省涌现了一大批优秀的体育旅游项目，开展了多种形式的体育旅游活动，并取得了很好的市场反馈。

本报告以中国体育文化博览会、中国体育旅游博览会发布的中国体育旅游精品项目为基础，以此来说明黑龙江省体育旅游的品牌现状。中国体育文化博览会诞生于2011年，由国家体育总局和中国奥委会主办；中国体育旅游博览会诞生于2007年，由中华全国体育总会、中国奥委会和中国旅游协会主办。2013年起，两个博览会同期同地举办。本报告采用了2015—2019年发布的中国体育旅游精品项目。此外，还综合了国家体育总局、文化和旅游部于2019年和2020年发布的黄金周体育旅游精品线路。具体的榜单和公告名称如下：

榜单：中国体育旅游博览会体育旅游精品项目（2015年、2016年、2017年、2018年、2019年）；

公告1：《“2019十一黄金周体育旅游精品线路”的公告》（国家体育总局 文化和旅游部）；

公告2：《“2020年春节黄金周体育旅游精品线路”的公告》（国家体育总局 文化和旅游部）。

黑龙江省的亚布力滑雪旅游度假区最具有影响力和美誉度，获得“中国体育旅游十佳精品项目”达三次以上，而黑龙江省的“穿越大小兴安岭徒步活动”也在2017年和2018年连续获得“中国体育旅游十佳精品线路”，这两个项目是黑龙江省当之无愧的体育旅游项目发展排头兵。而五大连池风景区也有比较高的品牌影响力，被评为“中国体育旅游十佳精品景区”和“2019十一黄金周体育旅游精品线路”。

除了以上三个项目外，齐齐哈尔碾子山区也被评为了“2019中国体育旅游十佳目的地”，具有很好的体育旅游品牌带动作用。

2.2.5 自由行旅游品牌现状

尽管选择自由行的游客越来越多，但包括中国旅游研究院和携程网在内的多家相关机构的数据均表明，由于黑龙江省地处我国的北方地区，对于很多游客来说相对比较远，所以自由行的游客不到一半的比例。然而，随着高铁的陆续开通，未来将会有更多的游客选择自由行。

本报告以1份公开发表的研究报告作为分析黑龙江省自由行旅游品牌现状的依据，报告名称如下：

自由行旅游报告：中国旅游研究院与马蜂窝旅游网联合成立的“自由行大数据联合实验室”发布的《冰雪东北——中国省域自由行大数据系列报告之东北地区（2018）》。

从自由行游客对黑龙江省旅游品牌形象的认知来看，黑龙江省旅游热门搜索词是雪、温泉、滑雪和自驾游。而黑龙江省的自由行则意味着滑雪、教堂、森林公园、东北菜、烧烤、漂流、北极村和二人转等。这对于未来在进行旅游品牌形象宣传和产品打造方面来看，可以着重关注一下这些关键词。

从自由行游客对黑龙江省旅游品牌关注的渠道来看，游记是非常重要的渠道之一，与2016年相比，2017年有关黑龙江省的游记数量增长达151%。黑龙江省冰雪的魅力促使更多的游客记录下旅途中的美景，通过网络传播，吸引更多的人游览黑龙江。

从黑龙江省热门目的地对自由行游客的品牌吸引力来看，哈尔滨、漠河、伊春、齐齐哈尔和大庆最受自由行游客的关注。其中，2017年央视春晚分会场之一的哈尔滨冰雪大世界让全世界的人民感受到了黑龙江省冰雪旅游的魅力，也使得哈尔滨的品牌知名度再一次提升。

从黑龙江省自由行旅游品牌的传播区域来看，最关注黑龙江省冰雪旅游的自由行游客主要来自北京、上海、广州和深圳。

从黑龙江省自由行的住宿区域品牌吸引力来看，哈尔滨是自由行游客最青睐的黑龙江省旅游目的地，而中央大街则是自由行游客优选的住宿区域，65%的人选择入住中央大街这一区域的酒店。

2.2.6 黑龙江省旅游品牌现状总结

通过以上对黑龙江省旅游品牌进行的多维度分析可知，黑龙江省旅游品牌的现状如下：

第一，黑龙江省省级旅游目的地品牌综合竞争力在全国处于中等水平，但品牌热度不断上升。

尽管近年来黑龙江省开始关注旅游品牌的构建与打造，做了一系列非常有意义和有成效的工作，但限于全国各省级旅游目的地对于旅游的持续重视与投入，黑龙江省旅游行业的基础相对薄弱，导致现阶段的旅游品牌声誉在全国的排名不够理想。

第二，黑龙江省旅游品牌的营销推广不断加强，但还未充分整合多个渠道持续发力。

黑龙江省旅游品牌口号在顺应全省与全国旅游发展的背景下进行了适时的调整，并配合品牌口号的宣传重点开展了一系列营销推广工作，聘请国内外专业的公关公司和旅游规划公司策划了品牌宣传活动，这些对于黑龙江省旅游品牌的宣传与推广起到了非常重要的作用。但是，各研究机构和旅游企业的研究报告显示，黑龙江省的品牌整合营销还未充分发挥效力，也未能持续发力，特别是在新媒体传播方面还处于弱势。

第三，冰雪旅游品牌保持着极强的知名度，但竞争对手实力也在不断增强。

受惠于自然气候环境，加上黑龙江省对于冰雪旅游品牌的持续打造与提升，近年来冰雪旅游品牌的知名度和关注度不断上升，总体处于我国冰雪旅游品牌的首位，对于很多游客来说，黑龙江省冰雪旅游品牌处于无可替代的地位。但是，综合各研究报告以及媒体的报道来看，伴随着 2022 年冬奥会脚步的临近，以及各地旅游转型升级的战略实施，黑龙江省冰雪旅游傲视群雄的时代基本已经过去了，群雄逐鹿、多地鼎立的竞争态势已经形成。如何在保持冰雪旅游第一梯队的基础上不断提升品牌美誉度和吸引力，是未来黑龙江省旅游品牌建设中非常重要的课题。

第四，避暑旅游资源丰富，但避暑旅游品牌不具有明显优势。

与冰雪旅游一样，黑龙江省避暑旅游资源禀赋优良，拥有着清新的空气、适宜的温度、广袤的森林和成片的湿地。但是，与冰雪旅游品牌相比，黑龙江省避暑旅游品牌的吸引力不强，在全国处于中等水平，对游客来讲随时可以被其他旅游目的地替代。

第五，城市旅游目的地品牌知名度不断提高，但各城市品牌形象不够鲜明。

哈尔滨作为黑龙江省城市旅游目的地的品牌知名度最高，除此之外，漠河、齐齐哈尔、牡丹江和伊春的旅游品牌知名度不断上升，这为黑龙江省进一步开发旅游产品提供了非常好的基础。但各城市品牌形象还不够清晰，未能对不同的目标市场实现品牌吸引力，也未形成旅游品牌的集聚效应。

第六，可深度开发的主题旅游品牌丰富，但品牌认知度和影响力有待提高。

黑龙江省拥有发展体育旅游、边境旅游、现代农业观光旅游和康养旅游等主题旅游的资源优势和发展基础，一些旅游目的地或是线路已经具有很好的美誉度，获得了国家级主管部门和一些行业协会的认可，有实力与冰雪旅游搭建起完整的主题旅游品牌金字塔。但知名度、市场份额和品牌综合效益还没有形成，未来还需要加强产品开发、完善专业性旅游服务设施和培训专业性的服务团队，并加强市场的推广。

本章小结

2009—2020 年黑龙江省旅游品牌发展经历了三个阶段，一是“北国风光。美在黑龙江”阶段；二是“畅爽龙江”阶段；三是“北国好风光·尽在黑龙江”阶段。

对于最新的品牌，“北国”、“好风光”和“尽”是解读品牌内涵的关键字，可以从黑龙江省区位、自然人文资源和游客市场认知等方面入手，对黑龙江省旅游品牌内涵形成支撑。以“北国”解读区位优势性，以“好风光”解读资源综合性，以“尽”解读资源全面性。

旅游品牌的核心作用，就是通过对形象的展示、内容的解读，以及对市场诉求的精准回应，强化旅游目的地在游客心中的良好印象，以提升游客的出行意愿。近年来，黑龙江省高度重视旅游业的发展，将其提升到战略高度进行统筹安排，取得了一系列令人欣喜的成果。但是，在品牌建设、提升与维系过程中也遇到了一些问题和困境。

第一，黑龙江省旅游品牌认知度仍有待提高。

黑龙江省交通距离远、旅行成本高，需要有更高的价值认同才能促使潜在游客产生出行冲动。黑龙江省旅游资源丰富而全面，自然、历史人文和社会旅游资源三大类相互依托，构成了良好的资源环境。在资源、特色和产品方面，旅游品牌资产提升的空间都很大，但除冰雪旅游之外，至今尚未真正形成特别鲜明的品牌形象，也未被国内游客充分认识，品牌知名度和旅游产品与资源知名度还有待进一步提高。

第二，新品牌尚未构建完整的旅游品牌体系。

在提出全新品牌之后，对新品牌的解读和支撑工作尚未全面开展。在黑龙江省旅游品牌的塑造过程中，已经形成了具有丰富品牌的多品牌架构，但旅游资源并未充分挖掘，尚未形成完整的旅游品牌体系，各城市品牌之间“各自为政”，联系度低，不成体系，对整体品牌没有形成强大统一的支撑作用。这使得营销多为点状宣传，缺少一体化、主题化的整合营销。

第三，构建和维系旅游品牌的创新性和原创性不强。

随着新的营销环境的不断变化，黑龙江省已经认识到品牌建设及整合营销的重要性，形象意识也开始觉醒，借助各种手段进行旅游品牌形象传播和品牌包装，但是大多数是从传统思维、传统渠道和经验主义的角度出发，未能持续借力于实力雄厚的专业团队，未能高度认识到品牌的战略意义，在突出品牌定位、品牌营销方案及品牌架构等方面的创新性和原创性不强。

第四，旅游产品体系尚未形成。

旅游产品没有显示出鲜明的特色，优势不够突出，旅游产品体系尚未形成，精品化的旅游产品不足。多数旅游资源没有高水平的品牌包装、整合营销和品牌追踪研究，缺少品味和吸引力，旅游资源优势尚未完全转化成产品优势。旅游吸引物相对单一，与周边省份的差异性不明显，不能满足各层次游客的需要。

第五，品牌声誉抗风险能力弱。

在新技术的推动下，传媒平台融合发展，移动设备成为受众上网第一终端，使用社交媒体成为旅游目的地品牌推广的必要途径，这既为黑龙江省旅游品牌的传播提供了更为便捷的渠道，又使其旅游品牌的危机事件面临着更大的舆情考验。由于黑龙江省旅游的季节性很强、旅游服务质量有待完善以及旅游部门应对危机经验不足等，在以社交媒体为主的舆论场中，旅游品牌声誉风险大增。

第3章　黑龙江省旅游品牌建设依据及分析

3.1　品牌及相关概念

3.1.1　品　牌

品牌一词来源于古代斯堪蒂纳维亚语 brandr，字面意思是“烙印”，指的是牧羊人在羊身上所烙下的独有印记。品牌的概念尚无定论，不同的学者从不同的角度定义品牌，本报告认为美国市场营销协会（AMA）对品牌的定义具有一定的代表性：品牌是一个“名称、专有名词、标记、符号，或设计，或是上述元素的组合，用于识别一个销售商或销售商群体的商品与服务，并且使他们与其竞争者的商品与服务区分开来”。品牌具有符号化、排他性及有形性和无形性。

可见，品牌是商品和服务与消费者之间产生联系的桥梁，是品牌消费者及利益相关者与品牌及品牌所有者构建的一种关联，这种关联包括品牌价值关系、情感关系和精神关系。建立品牌关系才能产生关联，进而形成情感共鸣和忠诚度。

3.1.2　区域品牌

正如单个企业拥有自己的企业品牌一样，在一定区域内聚集且密切联系的产业集群也拥有自己的区域品牌。由此，又产生了“区域品牌”这一概念。凯文·莱恩·凯勒在《战略品牌管理（第4版）》中指出“品牌是在消费者心目中安家落户的东西”，不同的地理区域正在通过不同的传播方式积极地向外界推销自己，塑造积极的品牌形象，因此，地理区域也是品牌的相关概念之一，并且区域也可以成为品牌。

所谓区域品牌，是指在某个区域范围内形成的以产业集群为依托，具有较强生产能力、较高市场占有率和影响力的产业或产品的地理标志。

3.1.3 品牌资产

对品牌化存在着如此强烈的关注的原因之一是品牌资产，品牌资产是品牌所具有的独特的市场影响力，它能够使品牌的消费者、渠道成员、母公司等对品牌产生联想和行为，这些联想和行为“使得产品可以获得比在没有品牌名称的条件下更多的销售额或利润，可以赋予品牌超过竞争者的强大、持久和差别化的竞争优势”(美国营销研究所)。

品牌资产五星模型指出，品牌资产包括品牌认知度、品牌感知质量、品牌联想、品牌忠诚度和其他品牌专有资产，这些资产通过多种方式为消费者和品牌所有者提供价值。

3.1.4 品牌价值

品牌价值是品牌客户、渠道成员和母公司等方面采取的一系列联合行动，能使该品牌产品获得比未取得品牌名称时更多的销量和更多的利益，还能使该品牌在竞争中获得一个更强劲、更稳定、更特殊的优势。

品牌价值的评估包括两种方法：品牌累积价值评估和品牌转化价值评估。品牌累积价值，或称为品牌媒介注意力价值，是以货币形式量化表达品牌所获得的各种媒介的注意力总和。媒介注意力总和并不是指媒介广告投放量和软文投放量，而是指可测量的在一定时间范围里累积的媒介资源上的品牌痕迹，是公众对品牌的印象在媒介上的投影值。品牌转化价值是指由于品牌存在而为品牌主带来的预期总收益的增值。这种预期总收益包括了一定年限内品牌所占有的行业销售额增值和品牌个体销售额增值两部分(“千家品牌实验室”价值评估模型)。

3.2 旅游品牌及其建设思路

3.2.1 旅游品牌的概念及特性

由于研究视角的不同，旅游品牌的概念也存在着不同的表述方式。与品牌的概念相近，旅游品牌是品牌主体为了让游客区别旅游目的地与其他竞争产品和服务，以核心旅游资源为基础、以旅游需求为导向，通过整合营销手段所塑造的各个旅游要素在游客心里的一种可识别的良好感知综合体，旅游品牌的主要作用在于识别旅游目的地的服务和商品，使旅游目的地的产品或服务与其他旅游目的地的相区别。因此，旅游品牌构建应进行以品牌价值为核心的价值链系统建设，这个体系包括旅游产品、旅游地居民、旅游吸引物、旅游企业、旅游目的地政府、旅游公共服务、相关法律和政策等。

旅游品牌与区域品牌相近，具有公共产品性、外部效应性、利益关联性、叠加溢价性和本土性的特性。

公共产品性是指旅游品牌为区域内品牌所有者共同拥有，品牌具有非竞争性和非排他性。

外部效应性是指旅游品牌下的所有者为一个整体，所有利益相关者共创旅游品牌，并享其带来的集群效应。产业集群使利益相关者获得规模经济效应，效应之一为外部规模经济，单个利益相关者通过与集群内其他利益相关者的合作提升效率、降低成本、获得收益。

利益关联性是指由于旅游品牌是品牌所有者的共有品牌，每个所有者的行为必须标准并高度规范，任何一个所有者的不良行为均会影响到其他所有者的声誉与利益，并造成区域性的损失。

叠加溢价性是指旅游品牌所有者共同叠加出旅游目的地的知名度和美誉度，从而获得更多的品牌价值，获取更大的直接和间接经济效益。

本土性是指旅游品牌是基于特定区域特色资源和旅游环境等，表现出明显的本土性特征，构成了旅游品牌的内在特征，成为旅游目的地持久竞争力的根源。

3.2.2 旅游品牌的发展趋势

旅游品牌发展的三个阶段：资源型、体验型、社会化；与此对应的是大众游客对品牌的三个接受阶段：品牌预热期、品牌爆发期、品牌引领期。

从旅游目的地品牌发展规律来看，从资源型目的地品牌到体验型目的地品牌，再到社会化目的地品牌是主要的发展趋势；与之对应的是目的地品牌营销的三个阶段，见图 3－1。

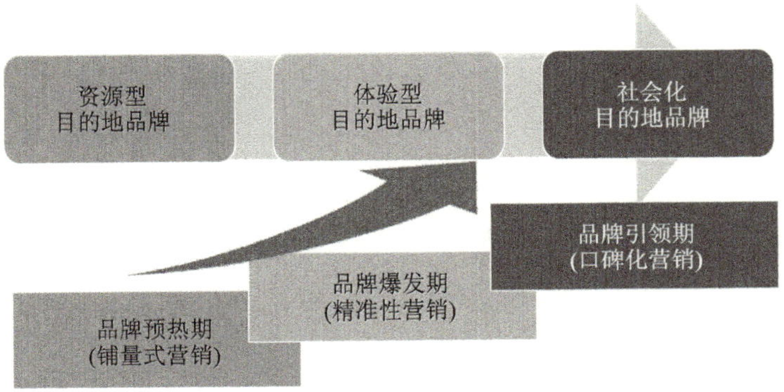

图 3－1　旅游品牌的发展趋势

阶段 1：品牌预热期是以铺量式营销为主，在全媒体平台通过大量的广告、软文等进行宣传，其目的是加强受众的认知度，提升品牌的知名度。

阶段 2：品牌爆发期是以精准性营销为主，通过数据、调研等方式，锁定重点客群及核心客源地，通过对与受众高度匹配的内容进行精准宣传，其目的是影响关键人群，加强游客对品牌的认可度，提升品牌的影响力。

阶段 3：品牌引领期是以口碑化营销为主，在这个阶段，品牌已被广泛传播并获得了精准客群的深度认同，在营销时应重点加强口碑传播，通过全新的理念、全新的产品、全新的玩法，引领新的旅游模式，并突出品牌与受众之间的情感联系，将品牌根植于游客内心，实现品牌的自发传播。

3.2.3 旅游品牌的构建思路

旅游产品有着极其特殊的特点。首先，游客在购买旅游产品时是看不到产品本身的，此时产品于消费者而言只是一种模糊的概念，要完全凭这点“模糊的概念”促使游客消费，则需要品牌传导出极强的品牌价值；其次，游客购买旅游产品时有着极高的“试错成本”，因为决定一次旅游时，就意味着时间、经济、精力等多方面的付出，如果目的地不足够“让人心动”，则极难促使游客作出出行决策。

因此，旅游目的地更需要建立品牌，并需要构建全面的品牌体系，以提升品牌价值，催生游客认同，唤起游客的向往，使其产生出游意愿，最终实现旅游消费。

那么，旅游品牌的价值应如何构建呢？简单来说，旅游品牌的打造需要从本源出发，回到旅游业的价值原点和消费者的内心世界，构建真正契合市场规则的品牌营销体系，才能摆脱羸弱的体质。

目的地旅游品牌的打造及传播是一项非常复杂的系统工程，不只是一套 Logo、一个名称和几幅美景画面的推广。打造和传播一个品牌的最终目的是根植于游客的内心，产生出游行为的递进，并让人能为这个品牌反复消费并自发宣传。要达到这个目标，初期的传播难度将非常大，但这种难度会随着品牌宣传的不断深入而降低；与之对应的是，传播力度会逐渐增大，同时品牌的价值也会不断加大(见图 3－2)。

对黑龙江省旅游品牌的建设，是通过相关政策纲领推导出当前的发展大环境；通过旅游市场的现状推导出发展趋势；通过对资源的全面盘点梳理出核心的品牌资产；通过对游客的调研和大数据分析得出游客特征，进而找准游客诉求；再通过对旅游产业发展现状的把脉，判断出当前的品牌阶段。

通过结合上述的各类结论，最终提出符合市场环境、迎合发展趋势、突出核心资源、满足客群诉求、适合当前阶段的旅游品牌(见图 3－3)。

一个经营良好的旅游品牌将产生巨大的价值，使得营销事半功倍。以山东为例，1986 年原山东省旅游局提出了“一山一水一圣人”的宣传口号；

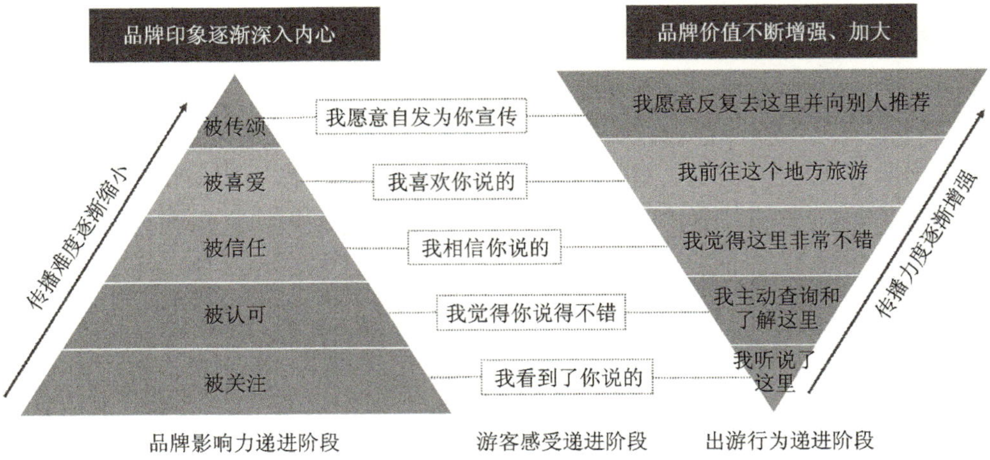

图 3－2　旅游品牌影响力递进阶段与游客出游行为递进阶段

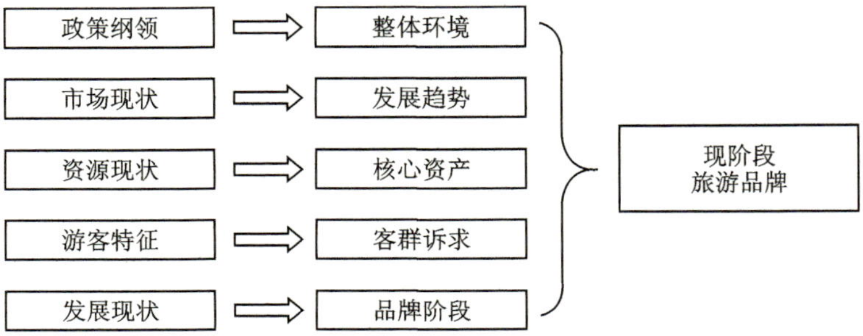

图 3－3　黑龙江省旅游品牌的构建思路

2002 年结合申奥成功帆船比赛落地青岛，提出了“走近孔子，扬帆青岛”的宣传口号；到 2008 年正式提出了“好客山东”的宣传口号。“好客山东”品牌以文化为核心，整合全省旅游资源，逐步构建起集旅游城市目的地品牌、旅游企业品牌、旅游产品品牌等子品牌集群化发展的品牌体系。到 2012 年，“好客山东”品牌估值 170 亿元，实现了从形象品牌走向产品品牌的巨大转变。

从“好客山东”这一旅游品牌的构建及提升过程可以看出，随着目的地发展逐渐成熟，游客市场愈加细分，目的地需要复合型品牌，以母品牌统领整体形象，以不同子品牌塑造产品特色，并形成合力以支撑整体品牌，提升品牌竞争力。

单一品牌能够促进旅游目的地形象的一致性，宣传费用也相对低廉，但可能会抑制目的地旅游产品的多样性。复合型品牌，如构建母品牌–子品牌体系，其中母品牌代表目的地整体形象，对游客决策起主导作用；子品牌为不同的子产品提供独特的产品形象，且在展示不同产品特色的同时形成合力，助推母品牌的营销宣传。

在目的地发展的不同阶段，旅游营销的品牌架构需要作出相应调整。目的地发展起始期，需要大量吸引生客，以提高市场认知度，面对不熟悉的目的地，生客更关注整体形象和大众型产品，此时单一品牌架构能够有效传达目的地形象；随着目的地发展的成熟，此阶段就需要积极维护熟客，以提高市场忠诚度和美誉度，面对熟知的目的地，熟客更关注小众深度型产品和服务细节，此时复合型品牌架构更能够满足不同层次目标市场的需求（见图 3 – 4）。

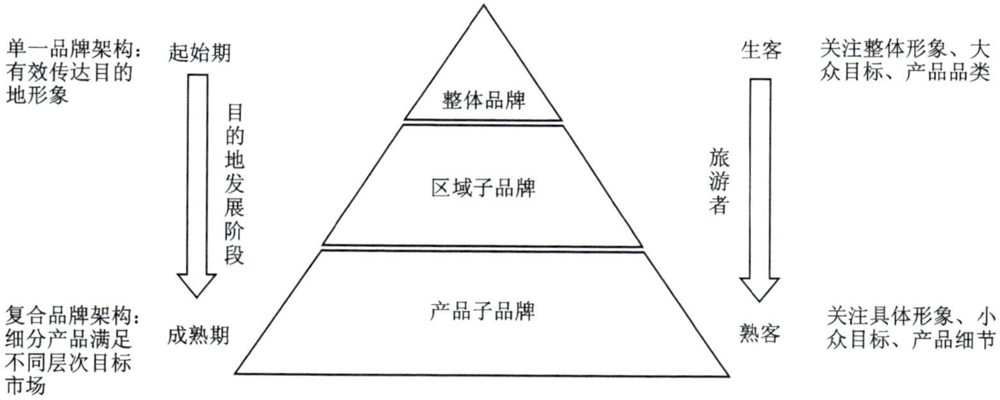

图 3 – 4　旅游品牌不同架构的思路及发展阶段

3.3　旅游品牌建设的理论依据

品牌建设的目标是与消费者形成积极、紧密的忠诚关系，从步骤上看主要涉及以下内容：

第一步，在消费者心中建立品牌认知度，确保在消费者脑海里建立起与特定产品或需求相关联的品牌联想；

第二步，在消费者心中建立稳固、完整的品牌含义，战略性地把有形、无形的品牌联想与特定的品牌资产联系起来；

第三步，引导消费者对品牌作出适当的反应，明确消费者对品牌产品的印象或感觉；

第四步，在消费者与品牌之间形成紧密、积极、忠诚的关系，将消费者对品牌的反应转换成品牌共鸣。

这些步骤为创建品牌提供了一个清晰的结构与依据，可以用品牌共鸣模型建立的品牌金字塔来表示品牌创建的不同阶段。

图3－5所示是品牌金字塔，列出了品牌建设的步骤，金字塔左侧倾向于建立品牌的“理性路径”，右侧则代表建立品牌的“感性路径”，绝大多数强势品牌的创建都是通过这两条路径“双管齐下”的。中间金字塔的品牌建设各阶段的主要内容是：

显著度：增强品牌的出现频率，提升品牌的识别度和认知度，满足消费者需求；

功效：体现品牌的主要含义和特色，强化服务便利性、效果、效率以及情感风格等；

形象：传递品牌形象、个性与价值；

判断：强化品牌的品质、信誉和优势；

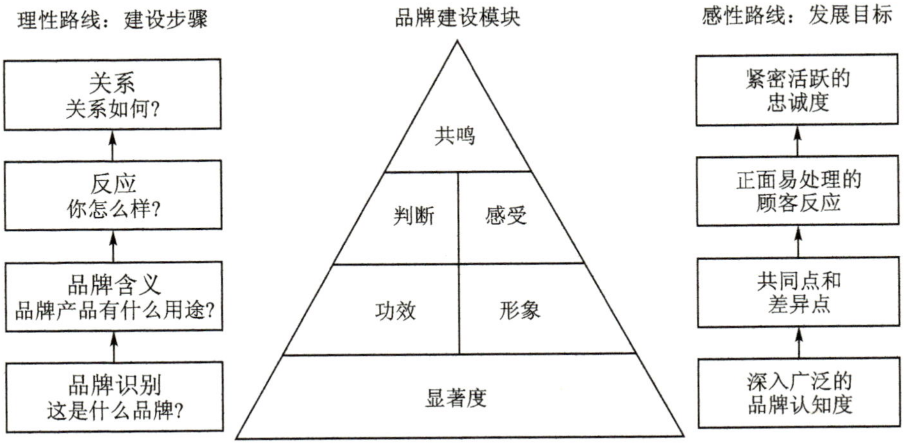

图3－5　品牌共鸣模型（品牌建设模块的金字塔）

资料来源：凯文·凯勒.战略品牌管理[M].4版.北京：中国人民大学出版社，79-81.

感受：使消费者产生积极、易获得的反应与感觉；

共鸣：与品牌建立紧密、积极、忠诚的关系，实现与品牌之间稳固的忠诚度，主动介入品牌的推广与宣传。

3.4　旅游品牌建设的重点工作

品牌共鸣模型为黑龙江省旅游品牌建设提供了建设依据和思路，结合第 2 章分析的黑龙江省旅游品牌现状及存在的问题，黑龙江省品牌建设的重点工作包括以下内容：

第一，提高黑龙江省品牌的显著度，即品牌认知度。这既包括品牌认知度的广度，也包括品牌认知度的深度。

品牌认知的广度关系到品牌在游客脑海中出现的不同场合和情境。从黑龙江省品牌建设的角度来看，主要是指使避暑旅游与冰雪旅游在游客脑海中建立同样的地位，在冬季会优先想到黑龙江省冰雪旅游，而在夏季也会优先选择到黑龙江省进行避暑旅游。

品牌认知的深度关系到品牌在脑海中出现的可能性。从黑龙江省品牌建设的角度来看，是从多个层面强化黑龙江省旅游品牌出现的频率。

第二，全面强化品牌形象的塑造与推广。

将品牌名称、口号、标识、符号、人性和价值等元素与具体品牌联想联系起来。黑龙江省应从旅游品牌口号、旅游 IP 形象以及整合营销等，多维度进行品牌形象的塑造与推广。

第三，引导游客对黑龙江省旅游品牌作出积极的反应或感受。

品牌金字塔中的“判断”是侧重于游客对品牌的质量、优势和信誉等方面的感觉，从感性的路径（右侧）来看，是游客对这些判断给予的积极、易获得的反应。黑龙江省旅游品牌建设中需要强化其旅游资源的高品质，对于气候类的冬季和夏季旅游则要强调气候资源的独特性和优质性。同时，从旅游主管部门的层面打造一些有品质的旅游品牌，例如旅游线路、旅游商品、旅游服务、住宿品牌或餐饮企业，使游客对黑龙江省旅游品牌作出安全、温暖和放心等方面的积极判断。

第四，重视主动介入旅游品牌宣传的游客，通过新媒体渠道加强与游客的互动。

品牌建设的目标就是要实现游客与品牌之间的共鸣，从而达到强烈而积极的忠诚度。新媒体，特别是微信和微博的传播力不断加强，游客通过这些新媒体自述旅游经历与感受，主动介入旅游品牌的宣传。积极、正面而强烈的旅游推荐代表游客与旅游目的地品牌之间建立了行为忠诚，黑龙江省各级旅游主管部门以及旅游企业应该充分重视游客游记、住宿评价以及旅游景区评价等，给予正面、迅速、积极的反馈与回应，建立起与游客互动的长效机制。

3.5 黑龙江省旅游资源现状

黑龙江省的旅游资源主要可分为两大类：一是自然资源；二是人文资源。在自然资源方面，大森林、大湿地、大湖泊、大界江、大冰雪、大农田、大草原等最具代表性，也是游客认知度较高的资源类型；在人文资源方面，黑龙江省拥有内容鲜明的历史文化、民族民俗文化、城市风情、红色文化等。

3.5.1 自然资源

第一，大森林。

黑龙江省是全国最大的林业省份之一，22 万平方公里的森林总面积相当于整个朝鲜半岛，森林面积达 2128 万公顷，排名居全国第 2 位，森林覆盖率为 46.81%，并且拥有全国最大的连片森林；2A 到 5A 级森林公园共 40 处，有“森林之冠”的美誉。空气清新，负氧离子高，适宜于游客享受“森林浴”，是“洗肺”养生的胜地，亦有“天然氧吧”之称。

第二，大湿地。

黑龙江省拥有全国最大的湿地群，占全国湿地总面积的八分之一，中国共 49 个国际重要湿地，就有 8 个在黑龙江省。还有 26 个国家级湿地自然保护区、60 个国家湿地公园，湿地景观类型丰富而独特。全省天然湿地达434万公顷，占黑龙江省土地面积的9.18%，具体分布为三江平原占156万公顷、松嫩平原占78万公顷、大兴安岭占85万公顷、小兴安岭和东部山区占115万公顷。

齐齐哈尔“扎龙国家级自然保护区”是我国首批国际重要湿地；抚远“三江湿地”是中国最大的高寒湿地，面积为156万公顷，被列入《国际重要湿地名录》；大兴安岭“南瓮河湿地”2011年列入《拉姆萨尔公约》国际重要湿地名录，面积为22.9万公顷，是亚洲最大的寒温带岛状林湿地。

第三，大湖泊。

黑龙江省常年水面面积在1平方公里及以上的湖泊有253个，其中淡水湖241个，咸水湖12个，水面总面积为3037平方公里（不含跨国界湖泊境外面积）。主要湖泊包括镜泊湖、五大连池、兴凯湖、连环湖等。

镜泊湖是中国最大、世界第二大的高山堰塞湖，为国家5A级风景名胜区、世界地质公园，是著名的旅游、避暑和疗养胜地；五大连池被国内外地质专家称为“打开的地质教科书”和“天然火山地质博物馆”，其矿泉与法国维希矿泉、俄罗斯北高加索矿泉并称为“世界三大冷泉”；东北亚最大的界湖兴凯湖以“水域浩瀚、气势磅礴”著称，总面积为4380平方公里，素有“北国绿宝石”“东方夏威夷”之称；连环湖是松嫩平原上的大型浅水湖泊，水面由18个湖泊联合组成，总面积达840多平方公里，是典型的湿地地区的浅水湖泊。

第四，大界江。

黑龙江省地处由黑龙江、松花江、乌苏里江和绥芬河四大水系组成的黑龙江流域，统称为“两江、两河、一湖”。其中“两江一湖”的黑龙江、乌苏里江、兴凯湖属于界江界湖，有着极强的资源优势。

黑龙江是世界上最长的界江，世界十大河之一，全长3575公里。流域包括中国、俄罗斯、蒙古、朝鲜四国；乌苏里江是黑龙江南岸的一大支流，也是中国东北部中俄边境上的一条重要界河，长909公里，流域面积187000平方公里。

第五，大冰雪。

黑龙江省作为中国纬度最高、位置最北的省份，拥有得天独厚、无可替代的冰雪旅游资源，如唯一的丹顶鹤冰雪栖息地、面积最大的红松林、规模最大的冰瀑布、中国极寒之地、最优美的雾凇林等优质的冰雪资源；并且开发了诸多享誉国内外的冰雪之最，如最大的冰雪乐园和雪雕艺术群、最大的雪堡和最专业的滑雪场，同时打造了全国规模最大、影响力最强的冰雪节庆。气象方面，黑龙江省的雪期长、雪质佳、温差适中、风力较小、极寒天数少，是非常适合开展冰雪运动的地方。总体而言，冰雪是黑龙江省极具开发价值的核心资源，也是黑龙江省旅游的一大名片。

第六，大农田。

黑龙江省是农业大省，耕地面积总量为2.39亿亩，居全国第一位，素有“北大仓”之称，有着丰富的农业旅游资源，其友谊农场为中国第一国营大农场；二道河农场是中国农业现代化程度最高的谷物农场之一；二龙山农场国家级现代农业示范区于2006年年初确定为农垦现代化国家级农业示范区；胜利农场喀尔喀山风景区于2005年被列为省级地质公园，成为黑龙江省垦区八大名胜景观之一；此外，绥化市是中国寒地黑土特色农业物产之乡、全国鲜食玉米产业示范区，成功获得了全国第一例鲜食玉米地理标志，也是中国第一个地市级绿色农业示范市。

第七，大草原。

黑龙江省全省现有开发利用草原207万公顷，主要分布在松嫩、三江及山区半山区三大草原区，其中松嫩草原区是我国草原带自然条件最好的草原区之一。全省草原综合植被盖度稳定在75%以上，松嫩草原区盖度达67%以上。

3.5.2 人文资源

第一，历史文化。

黑龙江省流域文化发展源远流长，拥有悠久的历史和丰富的文化遗存。这里出土了中国第一具完整的恐龙骨架化石（伊春嘉荫龙骨山遗址），有全国唯一的“中国猛犸象故乡”，保留了诸如昂昂溪遗址和新开流遗址、长城遗址、唐代渤海国上京龙泉府遗址、金代上京会宁府遗址等众多遗址遗迹，是开发历史文化旅游的资源基础。

第二，民族民俗文化。

黑龙江省民族民俗文化异彩纷呈，多个北方少数民族特有的民族风情、传承众多的非物质文化遗产、东北独特的乡村民俗文化，构成了黑龙江省独特的民族民俗文化氛围，是吸引游客的核心人文风光。

在民族文化方面，以农耕为主的满族、朝鲜族，以捕鱼为生的赫哲族，以狩猎为生的鄂伦春族和以牧业为主的蒙古族、达斡尔族，这些民族保留着北方少数民族所特有的民俗风情，成为黑龙江省重要的民俗旅游资源。

在非物质文化遗产方面，满族萨满文化、女真谱评、东北大鼓、东北二人转、龙江皮影戏、望奎皮影、方正剪纸、赫哲族伊玛堪、赫哲族鱼皮制作技艺、鄂伦春族兽皮制作技艺、鄂伦春族桦树皮船制作技艺等均是发展黑龙江省民俗文化旅游的资源宝库。

第三，城市风情。

黑龙江省不同城市拥有着不同特色的文化氛围，其中以哈尔滨、齐齐哈尔、大庆等风格尤为独特，哈尔滨拥有以欧陆风情为代表的多元文化，齐齐哈尔拥有悠久的文化历史和多样的美食文化，大庆则是铁人精神、石油文化的代表城市。

第四，红色文化。

黑龙江省有丰富而独特的红色资源，分布广泛、种类繁多，如抗联精神、北大荒精神和大庆精神，共同铸就了黑龙江省红色文化的精神内核。

黑龙江省是东北抗日联军的创建地和主战场，中国共产党领导的第一个完整的省级人民民主政权在这里建立，人民政协从这里起航。在长达十四年艰苦卓绝的英勇战斗中铸就的东北抗联精神，是中华民族革命精神的重要组成部分。

在开拓荒原、建设新中国中形成的“艰苦奋斗、无私奉献”的北大荒精神以及在石油大会战中形成的“自力更生、爱国奉献”的大庆精神，共同构成了黑龙江省红色文化精神。

黑龙江省留存下了众多红色遗址遗迹并建立了各类红色纪念馆，这些是黑龙江省发展红色旅游的资源基础。2016 年黑龙江省有 12 处景区被列入《全国红色旅游经典景区名录》。

3.6 旅游品牌建设的游客调研

3.6.1 游客对黑龙江省旅游品牌的显著度的认知

自然生态资源是游客对黑龙江省旅游品牌最显著的认知，其中冰雪资源、森林生态、湿地湖泊排名靠前，尤其是冰雪资源，有80%的受访者愿意去游玩体验（见图3－6）。在受访者的表述中对一些旅游资源的认知比较显著，例如“天气冷，是优势”“原始大森林、火山和冰雕”“冰雪、雾凇、丹顶鹤以及极光”。另外对中俄边境风情的认知也较高，游客期待“体验俄罗斯民俗风情”，并且明确知道这一体验是“黑龙江省所特有的，在其他地方感受不到”。对黑龙江省的美食特产、民族民俗文化，游客的兴趣度也较高。

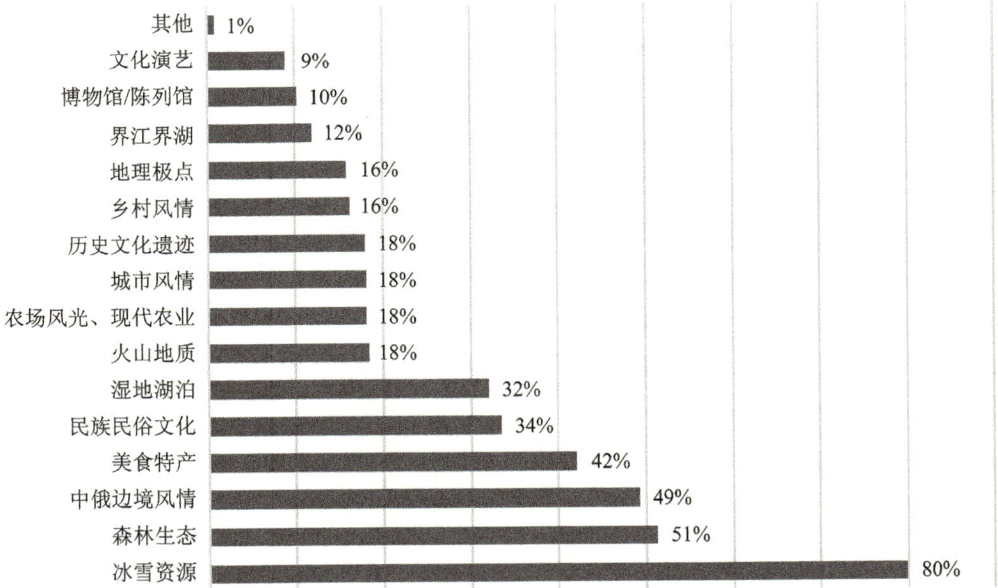

图3－6　受访者对黑龙江省旅游资源的认知

黑龙江省农业乡村旅游资源优势明显，例如在2017—2019《中外避暑旅游目的地排名》中提到的黑龙江省农垦田园城镇群，但从图3－6中可以看出，游客对农业旅游认知低，兴趣度不高。在乡村振兴政策下，可借助农业基础适时发展农业观光、乡村休闲游，创新开发黑龙江省独特的“大农业”乡村旅游品牌。在宣传推广方面可以用核心资源带动潜力资源，进而提升整体资源的市场认知度。

在城市认知方面，黑龙江省省会哈尔滨的提及率最高，其次是齐齐哈尔、牡丹江、大兴安岭地区、伊春、大庆等城市；游客对七台河、鸡西、绥化、双鸭山、鹤岗等城市的认知度则较低（见图 3－7）。可以看出，城市知名度受城市经济发展水平、城市旅游吸引力、城市历史地位等方面的影响。

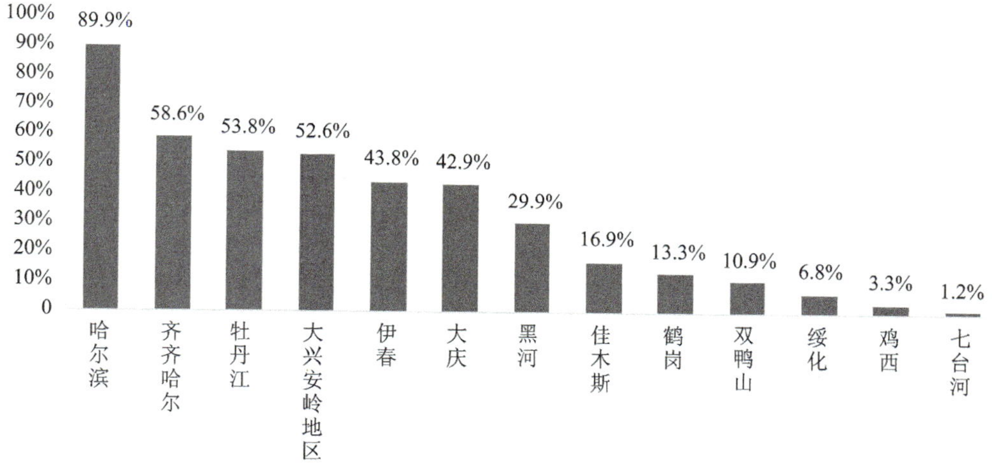

图 3－7　受访者对黑龙江省城市的认知

黑龙江省各地市中，游客对省会哈尔滨、大兴安岭地区、齐齐哈尔、牡丹江、佳木斯兴趣度较高，更愿意去这些城市旅游（见图 3－8）。总体来看，

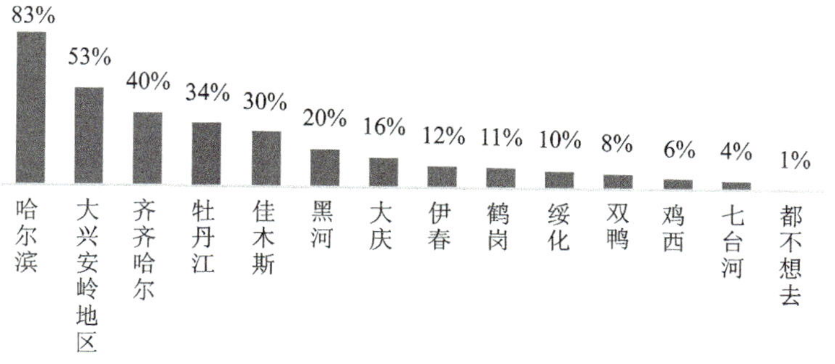

图 3－8　受访者对去黑龙江省各城市旅游的兴趣

游客认知度越高的城市，游客对其兴趣度也越高。另外，在旅游宣传方面，哈尔滨、大兴安岭地区、齐齐哈尔、牡丹江等城市注重旅游营销推广工作，并对市场产生了较好的影响和反馈。不过，游客在选择旅游目的地时，可能只选择访问单一城市。

3.6.2 游客对黑龙江省旅游品牌的形象感知

受访者对黑龙江省的印象主要体现在自然资源、人文环境、区位、价值、目的地性格认知及情感认同6个方面，其中对自然资源、区位和目的地性格认知印象较为深刻（见图3-9）。

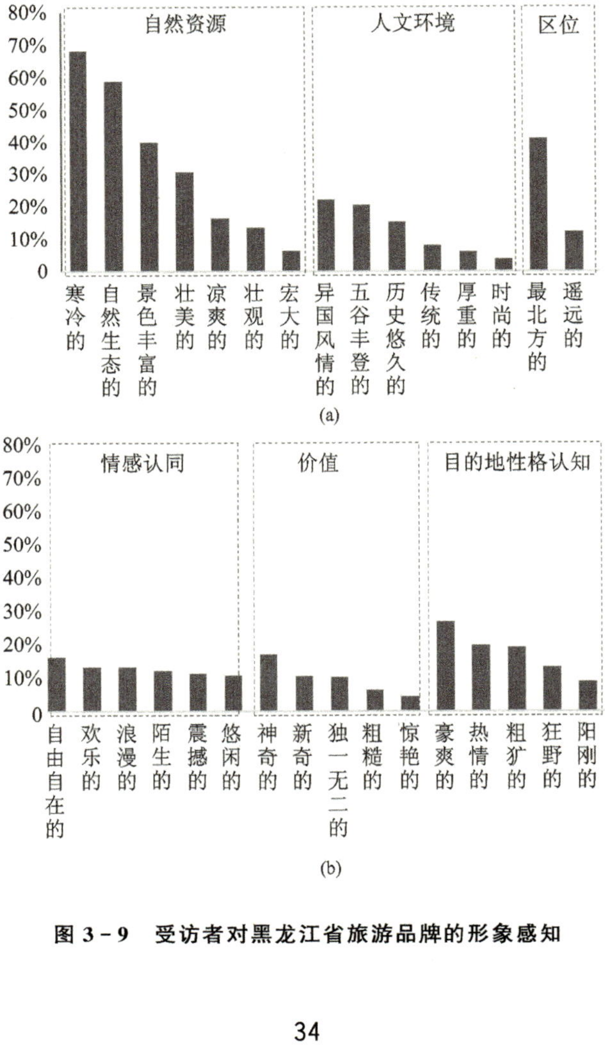

图3-9 受访者对黑龙江省旅游品牌的形象感知

在自然资源方面，寒冷、凉爽的气候，景色丰富、壮美的自然生态环境的形象感知最高；

在区位方面，黑龙江省地处祖国最北方是被访者的普遍共识；

在目的地性格认知方面，黑龙江省人豪爽、热情的认知度较高；

在人文资源、情感认同和价值方面，游客的品牌形象感知相对较弱。

生态绿、湖水蓝、冰雪白是游客眼中黑龙江省旅游的主色调（见图 3－10）。受访者对黑龙江省的色彩认知与黑龙江省整体品牌“北国好风光 · 尽在黑龙江”品牌 Logo 配色呈现出高度的一致性。

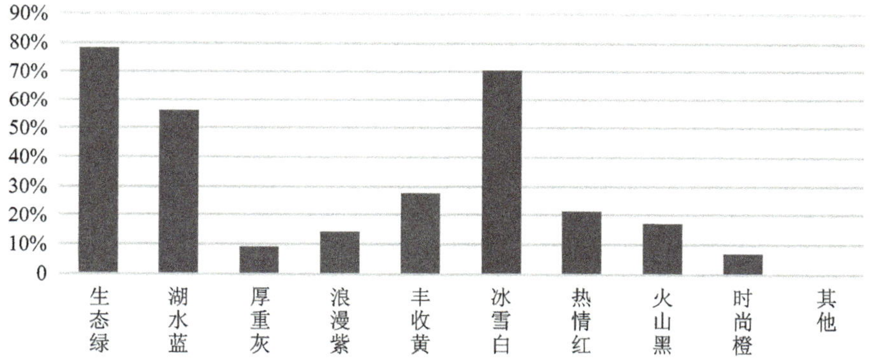

图 3－10　受访者对黑龙江省旅游形象的色彩感知

品牌的关键目标之一是形成正确而鲜明的形象，颜色是品牌形象的一部分，也是游客注意到品牌 Logo 的第一件事。正确的颜色能帮助唤起游客相应的情感诉求，并影响游客的决策过程。游客对黑龙江省旅游色彩的印象，是基于对黑龙江省自然生态、冰雪风光、湿地湖泊的旅游资源的诉求。

绿色与植物的世界和生命有很强的联系，传达出宁静、复兴、健康、乐观、放松的情感；蓝色传达平静、可靠、信任与安全的内涵；白色代表纯洁、简单、童话般的意境。

3.6.3 游客对黑龙江省旅游品牌的功效与价值需求

游客最希望到黑龙江省能够欣赏到自然风光、品尝特色美食，其次是放松休闲、呼吸新鲜空气、体验当地生活、了解异地文化，这与受访者对黑龙江省旅游资源显著性的认知较为一致。

欣赏自然风光、品尝特色美食、放松休闲、呼吸新鲜空气、体验当地生活是游客到黑龙江省旅游的价值需求与体验诉求（见图 3－11），受访者期待冬季到黑龙江省旅游“可以感受到独特的冰雪风光，享受雪乡的童话世界”，而夏季到黑龙江省则能“感受到凉爽和清凉，欣赏优越的自然风光，到森林呼吸新鲜空气”。与此同时，受访者想“品尝量大实惠的东北菜”，去看看“正宗的屯文化”，听听“幽默的东北人唠嗑”，这些都是与游客惯常生活截然不同的生活体验。

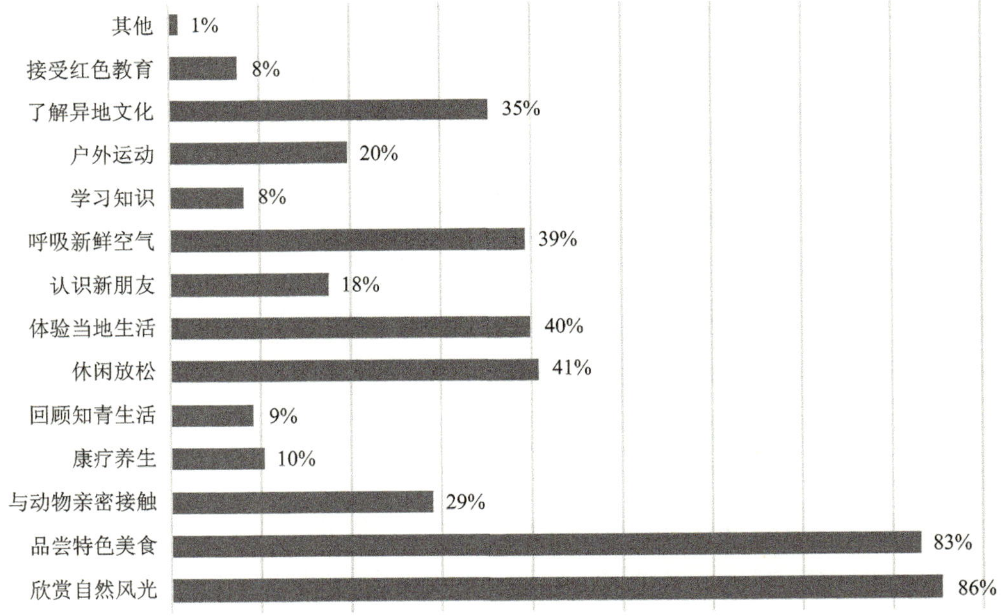

图 3－11 受访者对黑龙江省旅游品牌的功效与价值需求

在问及去黑龙江省旅游时最期待获得的感受时，除欣赏独特的风景及呼吸新鲜空气之外，游客多选择如运动、体验当地生活、体验俄罗斯风情、品味美食、放松身心、感受快乐刺激等体验型内容；而深度访谈也进一步印证了游客对“体验”的期待，他们大多希望在吃、住、游、娱等方面获得更丰富、更优质的体验（见图 3－12）。

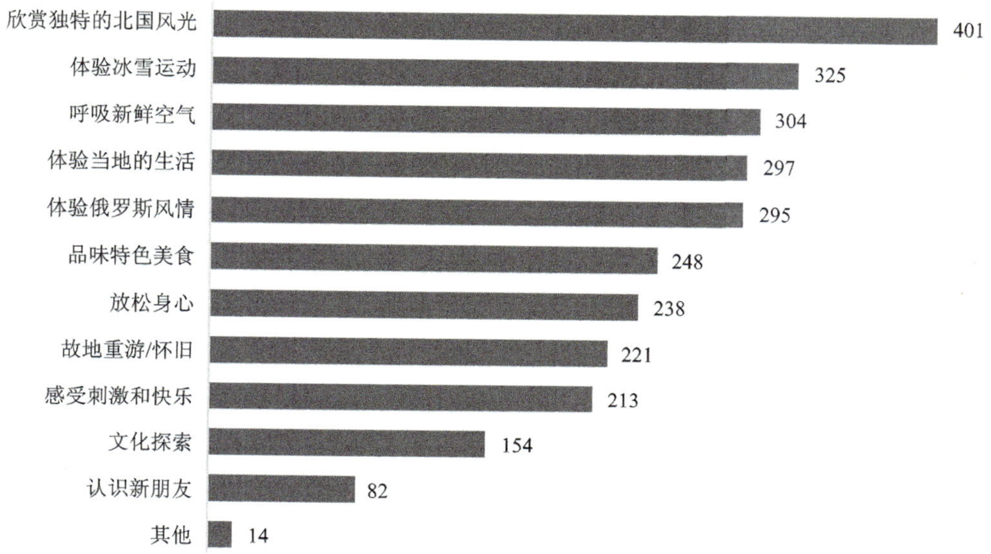

图 3－12　受访者对黑龙江省旅游的体验期待

受访者对黑龙江省的各种旅游节庆也很期待和感兴趣，对冰雪节的兴趣度远高于其他节庆活动，超 80％的受访者表示对冰雪节感兴趣；其次是滑雪节（见图 3－13）；对美食节、消夏避暑节、夏夜狂欢节、中俄文化旅游

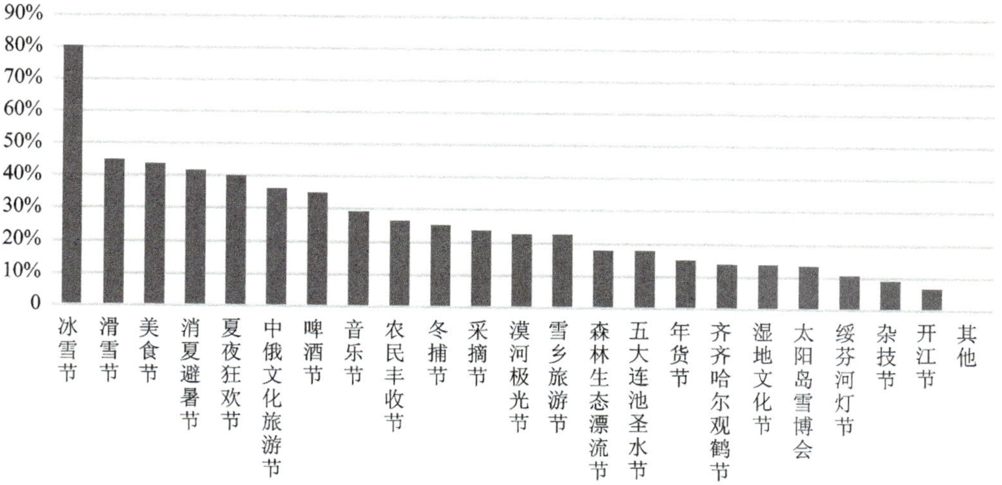

图 3－13　受访者对黑龙江省节庆旅游的兴趣与期待

节、啤酒节等节庆活动的兴趣度也超过了30%。

3.6.4 游客对黑龙江省旅游的愿景

游客希望黑龙江省是一个休闲、优美、有文化内涵的地方，干净整洁、绿色生态、充满活力，能体验到众多的本土特色美食。在这里，人们能呼吸到清新的空气，心情愉悦，能体验到黑龙江特色文化；冬季能体验许多新颖的玩法，能滑雪、玩雪、赏雪；夏天能感受大自然带来的沁人心脾的凉爽、欢畅。人们希望能在黑龙江享受到更加亲近自然、富有独特文化风情的旅行和生活体验。

受访者原话摘录：

希望更有针对性，开发一些小的体验型精品线路。

黑龙江的饭菜很好吃，想要品尝各种不同的美味，想在零下20摄氏度吃冰棍，想吃热闹暖和的铁锅炖。

在黑龙江呼吸新鲜空气，养心清肺，感受别样的生活。

希望可以加强黑龙江旅游宣传，可以通过更多渠道了解相关的旅游产品和线路。

想去黑龙江的乡村看一看，感受不一样的乡村民俗文化。

除了哈尔滨、牡丹江，希望多了解一些黑龙江其他地方的旅游特色，比如伊春的森林、大兴安岭北极村等。

走在中央大街的面包石街道上，感受中俄文化交融的别样风情。

黑龙江一望无际的农田令人神往，希望感受中国大粮仓的踏实和丰收。

很希望能跟当地人一起生活几天，深刻了解当地的民俗文化，应该很有意思。

期待看冰雕、极光，体验俄罗斯民俗风情，这些资源是黑龙江所特有的，在其他地方感受不到。

希望跟孩子一起接触自然，夏天避暑，放松身心。

想在干净的雪地里打滚、打雪仗，想感受童话般的冰雪世界。

3.6.5　游客对黑龙江省旅游品牌的“体验型”期待

调研中发现，无论是潜在游客对黑龙江省旅游的期待，还是实际游客对黑龙江省的评价，都有一个提及率非常高的词，即“体验”。潜在游客希望能去黑龙江省获得更多的体验型感受，而不纯粹是观光；实际游客则表示现有的体验型项目较少，希望能加强相关方面的优化建设和引进开发。

黑龙江省的旅游资源非常丰富，但是，就品牌呈现而言，还需要满足游客对“体验”的诉求，进一步强化黑龙江省文化旅游的“体验型”特质，在品牌宣传的内容方面，突出体验型配套设施、体验型项目内容、体验型特色线路、体验型价值内涵等，通过子品牌的“体验型”解读和“体验型”呈现，对整体旅游品牌形成全面支撑。

可以看出，游客对黑龙江省文化旅游的核心诉求是“体验”——优化体验型感受、增加体验型设施、引进体验型业态、打造体验型产品。体验的内容构建了“美好生活”，对“体验”的全面解读，即是对文化旅游品牌的诠释。

3.7　黑龙江省旅游品牌的品牌定位及建设框架

3.7.1　旅游品牌的品牌定位

以上分析从经典的品牌共鸣模型和游客调研的两个角度分析了黑龙江省旅游品牌体系建设的依据、思路和需求，基于这些分析黑龙江省旅游品牌体系的打造应围绕“我们有什么”和“游客要什么”来确定品牌定位。

这里所说的品牌定位是指旅游目的地的产品服务以及形象，在目标游客的印象中占据的独特价值地位。

整个品牌体系中，无论是整体品牌还是子品牌，其最终的受众始终是游客。所以在进行品牌定位时，无论是展示自身的资源特色（我们有什么），还是满足游客的核心诉求（游客要什么），都需要重点突出“这是什么旅游品牌”以及“这个品牌的产品有什么效用”。

“这是什么旅游品牌”是对黑龙江省旅游品牌的总结性阐述，其核心是展示自身优美的、安全的、热情好客的、方便快捷的显著性，以及顺应旅游发展趋势和游客旅游消费升级所带来的功效与感受。

“这个品牌的产品有什么效用”是对黑龙江省游客核心诉求的精准性分析，其核心目标是通过品牌内涵分解来表现对游客诉求的满足。游客的基本诉求表现为安全和平的公共环境，干净整洁的卫生状况，完善齐备的配套设施，方便快捷的交通格局，热情好客的社会民风等；游客的高阶诉求表现为更独特的美食及饮食体验场景，更丰富的互动体验项目，更高品质的特色民宿、度假酒店，更丰富的冰雪娱乐活动及配套产品，更优质的亲子主题产品，更真实的生活方式体验。

调研中发现，潜在游客希望能去黑龙江获得更多的体验型感受，而不纯粹是观光；实际游客则表示现有的体验型项目较少，希望能加强相关方面的优化建设和引进开发。由此可见，黑龙江省旅游品牌的定位可以以“体验”作为在游客心目中占据独特的价值地位。这些体验的诉求构建了游客的“美好生活”，对“体验”的全面解读与形象构建，即是对黑龙江省旅游品牌的品牌定位（见图 3 - 14）。

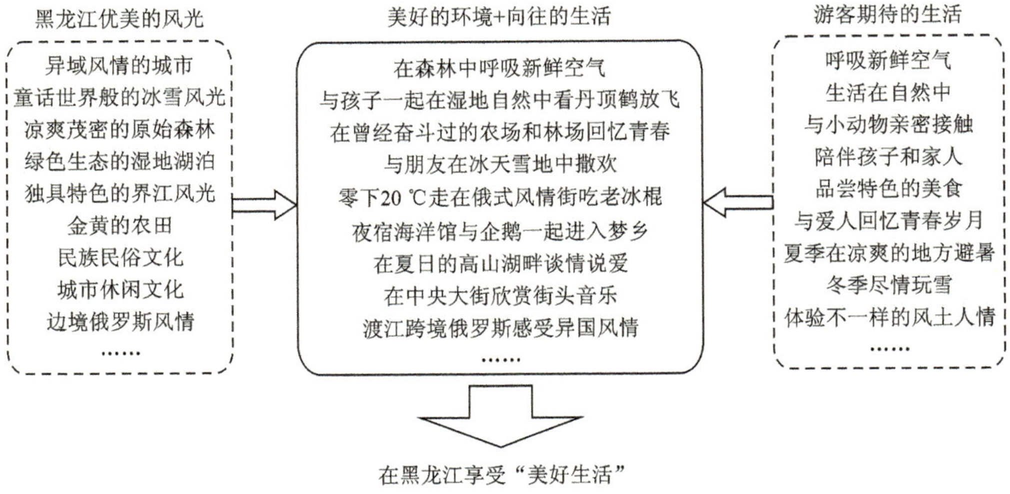

图 3 - 14　黑龙江省旅游品牌的品牌定位与解读

3.7.2　旅游品牌的阶段性目标

通过对黑龙江省旅游资源的梳理以及游客偏好的分析可以看出，冰雪、森林、湿地湖泊、界江、农业、民族民俗、城市休闲、边境俄罗斯风情是黑龙江吸引游客的重点资源，共同构成了黑龙江省的旅游好风光。而游客期待在黑龙江休闲放松、呼吸新鲜空气、亲近自然、陪伴家人、回忆青春。当黑龙江美好的资源遇见游客向往的生活方式时，就满足了游客对美好生活的向往和期待。

而在旅游发展的新阶段，要求目的地以满足人们的旅游的美好生活需要为根本出发点，做好“旅游＋生活”和“风景之上是生活”的文章，实现从美好风景资源驱动到美好生活价值导向的转变，以全域为视野，实现从推广风景到推广美好生活的附加值提升。这一发展理念与黑龙江资源优势和游客愿景不谋而合。

简而言之，优秀的自然人文资源完美契合了游客的向往，能够满足游客对美好环境的期待；而基于游客的诉求，更需要传递出“在黑龙江享受美好生活”的品牌理念和定位。基于此，黑龙江省旅游品牌的阶段性目标是打造“生活化体验型文化旅游目的地”。

3.7.3　旅游品牌体系的建设框架

黑龙江省旅游品牌体系的建设框架，是在充分借鉴品牌共鸣模型、明辨品牌现状及问题、全面梳理旅游资源和游客品牌认知的基础上，立足市场需要，梳理和搭建而成的。

构建以“整体旅游品牌”为统领，以“品牌愿景”为传播主题，以“形象品牌”和“产品品牌”为核心子品牌类别的品牌体系（见图 3－15）。

“形象品牌”包括旅游形象 IP、区域品牌、城市品牌和季节品牌；“产品品牌”包括线路品牌、美食品牌、商品品牌、住宿品牌和节庆品牌。

全新的旅游品牌体系需要重点梳理各子品牌与整体品牌之间的关系，以强化对整体品牌的解读，形成完善而健全的支撑体系，未来将统领黑龙江省旅游产业形象，为产品开发和营销推广提供指导。

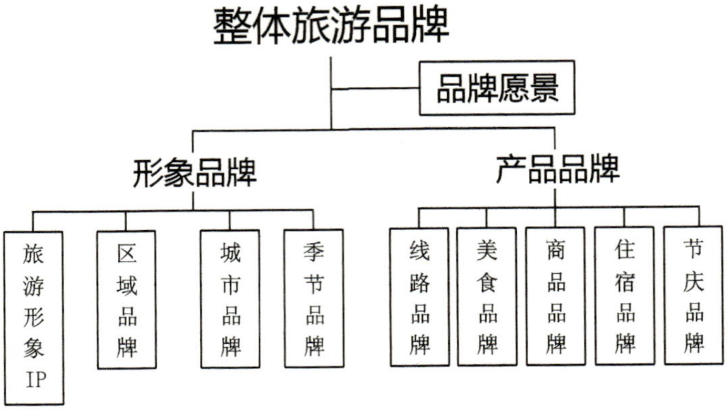

图 3-15　黑龙江省旅游品牌建设的框架

本章小结

品牌建设主要分为四步：第一步，在消费者心中建立品牌认知度；第二步，在消费者心中建立稳固、完整的品牌含义；第三步，引导消费者对品牌作出适当的反应，明确消费者对品牌产品的印象或感觉；第四步，在消费者与品牌之间形成紧密、积极、忠诚的关系，将消费者对品牌的反应转换成品牌共鸣。

黑龙江省旅游品牌建设的重点工作包括：第一，提高黑龙江省旅游品牌的认知度；第二，全面强化品牌形象塑造与推广；第三，引导游客对黑龙江省的旅游品牌作出积极的反应或感受；第四，重视主动介入旅游品牌宣传的游客，通过新媒体渠道加强与游客的互动。

黑龙江的旅游资源分为自然资源和人文资源。自然资源包括大森林、大湿地、大湖泊、大界江、大冰雪、大农田、大草原等；人文资源包括历史文化、民族民俗文化、城市风情、红色文化等。

受访者对黑龙江的旅游品牌印象主要集中在自然资源、人文环境、区位、价值、目的地性格认知及情感认同 6 个方面。

游客最希望到黑龙江能够欣赏到自然风光、品尝特色美食，其次是放松休闲、呼吸新鲜空气、体验当地生活、了解异地文化，与受访者对黑龙江旅游资源显著性的认知较为一致，是游客到黑龙江旅游的价值需求与体验诉求。

游客希望黑龙江是一个休闲、优美、有文化内涵的地方，干净整洁、绿色生态、充满活力，能品尝到众多的本土特色美食。在这里，人们能呼吸到清新的空气，心情愉悦，能体验到黑龙江的特色文化；冬季能体验许多新颖的玩法，能滑雪、玩雪、赏雪；夏天能感受大自然带来的沁人心脾的凉爽、欢畅。

“在美好环境中体验不一样的生活”是游客对黑龙江旅游的主要期待，因此，对黑龙江省旅游品牌内涵的最终解构是“美好的环境＋向往的生活”；而黑龙江省旅游品牌的阶段性目标是打造“生活化体验型文化旅游目的地”。

第4章 黑龙江省旅游品牌体系建设解析

黑龙江省的旅游品牌经历了资源型品牌阶段“北国风光·美在黑龙江”和体验型品牌阶段“畅爽龙江”。经过长期持续的宣传推广，黑龙江旅游已在游客心中形成了一定的品牌印象和品牌联想。如今，在提出“北国好风光·尽在黑龙江”整体品牌的背景下，黑龙江的品牌营销应当向着第三阶段“情感化品牌”递进，品牌体系之下的品牌愿景及各类子品牌都需要对整体品牌形成“情感化”的支撑。

黑龙江省旅游品牌支撑体系的建设需要遵循三大核心，即全面呈现重点资源、全面描绘美好生活和全面突显体验特性。

基于这三大核心点，可以将黑龙江旅游品牌整合营销的视听呈现归纳为一条基准法则，即美好环境中的独特体验。

所有对黑龙江旅游品牌的内容策划、产品打造、物料制作、宣传推广、广告传播，都需要共同传递出同一种画面，那就是“游客，在美好的风光中，体验别样的生活”。人、风景和玩法，是所呈现旅游品牌体系内容中需要共同出现的核心元素。

在这样的基准法则之下，各子品牌的调性也需要与整体营销理念保持一致，统一风格打造黑龙江旅游品牌体系。以“北国好风光·尽在黑龙江”为总品牌统领，通过构建形象品牌和产品品牌两大子品牌系统，形成完备的文旅品牌体系，强化游客对黑龙江旅游的认知和偏好，实现“旅居时代的美好生活”的品牌愿景(即游客在想到黑龙江旅游时，能觉得这是一个适合旅居、能体验到别样生活的目的地；游客能在脑海里自发构想一种黑龙江旅行的场景，而这种场景是游客所向往的一种美好生活）。

4.1 品牌愿景

全新的旅游品牌体系及整合营销系统，其实是对黑龙江“美好生活”品牌愿景的解构，是以“体验型内容”为核心，展现游客在黑龙江“美好风光”之下能享受到的“别样生活”。

从对游客的调研中可以洞察到，游客对黑龙江旅游的期待，是一种对体验和感受的期待，更是一种对美好生活的向往。他们追求的，不是简简单单地在黑龙江走马观花，而是希望深入了解、深度体验这里的风土人情、市井生活及田园牧歌。

基于分析结果，黑龙江文化旅游的营销需要在整体品牌之下，注重对“体验＋生活”的阐述。

中国旅游经历了从“差旅”“观光”时代向“休闲度假”时代的转变，如今正朝着“旅居”时代迈进。越来越多的中国人正在异地置业，加入了“换一个地方生活”的候鸟族群。游客在关注目的地风光、文化、休闲度假设施之外，更加关注当地的民风、物价、气候、生活配套、便民措施等生活资讯。旅游品牌呈现的内容已不再是单纯地展示资源、塑造形象，而是更需要展现一种全新的生活方式，以及传递一种精神层面的价值观。

“北国好风光·尽在黑龙江”，要超越对于“风光”的资源性依赖，突出“人”的体验感，要让受众感受到：虽然字面上是“北国好风光·尽在黑龙江”，但品牌传播所表达的核心信息应是“美好风光中的美好生活”。

4.2 形象品牌

4.2.1 区域品牌

黑龙江的整体地理形状极不规则，境内各种资源分布彼此交错，极不容易划定主要的资源边界。因此，在进行旅游板块的划分时，采取了多种维度平行共进的原则，既有地理方向维度，也有核心资源维度，还有关键业态维度，但不论以何种维度进行划分，都是以突出板块内最核心的旅游资产为根本前提，而这些核心资产又是市场最认可、游客最期待的旅游体验内容。

2019 年 3 月，省政府提出要加快推进相关规划的编制，旅游方面重点规划“哈亚雪”旅游核心板块、生态林都旅游板块、火山湿地旅游板块、秘境双湖旅游板块、北极和东极旅游板块。

从市场认知的角度，游客对黑龙江最为认可的内容包括冰雪、森林、东极、北极、火山、丹顶鹤、湿地湖泊、农业等，因此六大板块的划分皆是围绕板块内最受游客认可的资源。

“哈亚雪”旅游核心板块：包括哈尔滨、牡丹江两个城市，以哈尔滨、亚布力、雪乡为主要吸引点，重点突出城市风情和冰雪旅游。

生态林都旅游板块：以伊春市为主，包括五营国家森林公园、兴安国家森林公园、汤旺河林海奇石景区等核心景区景点，重点突出森林生态资源和避暑旅游。

火山湿地旅游板块：包括黑河、齐齐哈尔、大庆等城市，以五大连池、扎龙湿地、连环湖湿地为核心吸引点，重点突出火山、湿地、丹顶鹤等自然资源。

秘境双湖旅游板块：包括牡丹江、鸡西等城市，以镜泊湖、兴凯湖为核心吸引点，重点突出湿地湖泊、农业资源及乡村旅游。

北极和东极旅游板块：包括大兴安岭地区和佳木斯等城市，以神州北极、华夏东极为核心吸引点，重点突出中国最东极和最北极的独特地理优势，以及边境、森林、界江等资源。

黑龙江省的每个旅游板块都有着不同的资源特性和文化属性，其核心吸引物也各有不同。

板块 1：哈亚雪旅游板块

这一板块的核心吸引物是冰和雪，这里冬天的风光是巧夺天工的冰灯艺术、美轮美奂的雪景和活力四射的冰雪运动，如童话世界一般。基于此，可以将该板块的推广口号定为：冰城雪乡·童话龙江。

板块 2：北极旅游板块

这一板块的核心点是中国的最北端和大兴安岭的森林，而在中国雄鸡的版图上，大兴安岭就如同“鸡冠”一般。因此，北极的推广口号可定为：神州北极·林冠天下。在这里，“冠”字除了有“鸡冠”之意外，还寓意这里的森林覆盖率是全国之“冠”。

板块 3：东极旅游板块

这一板块的核心点是中国的最东端，是第一缕阳光照射的地方。因此，推广口号可定为：华夏东极·阳光起点。

板块 4：火山湿地旅游板块

这一板块的核心资源是五大连池、湿地及丹顶鹤。因此，夏季时，推广口号可定为：火山湿地·鹤舞北国；冬季时，推广口号可改为：火山湿地·鹤舞雪原。

板块 5：生态林都旅游板块

这一板块的核心是小兴安岭区域的森林，这里山清水秀、物产丰富，如世外仙境一般。因此，推广口号可定为：碧水青山·绿野仙踪。

板块 6：秘境双湖旅游板块

这一板块是黑龙江省的主要农产区，这里有镜泊湖、兴凯湖两大淡水湖及广袤的农田，拥有北国最富饶的黑土地。因此，推广口号可定为：双湖秘境·鱼粮满仓。

基于对以上六个区域旅游板块的分析，可以总结为如图 4－1 所示的内容。

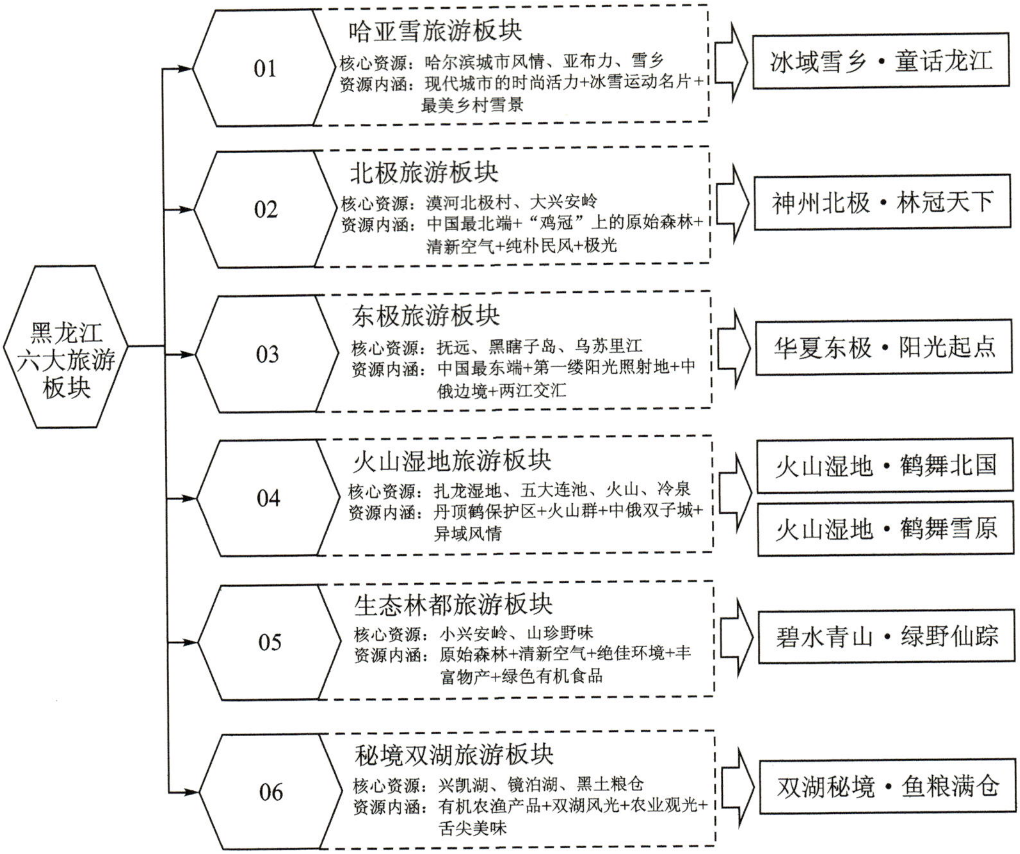

图 4-1　黑龙江省区域旅游板块分析及其品牌推广口号

4.2.2　城市品牌

黑龙江省旅游资源丰富多样，不同城市之间资源差异显著，因此，各城市需要建立各自独特的旅游品牌进行宣传，突出核心资源或特有形象，形成差异化营销，以减少内部间的无序竞争，共同拓宽全省的旅游市场。

从全省统领、统一包装、合作竞争角度出发，建议各地市依托本地最具代表性和唯一性资源，打造差异化旅游品牌和主题包装。各城市旅游品牌的升级将进一步在“美好生活”的体系下彰显其资源特色和文化属性，在突出其核心资源的前提下，通过解读精神层面的内涵，使其对整体品牌的复合化体系进行支撑。

1. 哈尔滨旅游品牌及 IP 提升建议

哈尔滨旅游品牌体系打造较为完善，依托冬季冰雪资源、夏季生态资源和独特城市风情，以及开发的丰富旅游体验项目和规模大、影响力强的冬夏旅游节庆活动，哈尔滨打造了“冰城夏都”的城市整体品牌和“迷人的哈尔滨之夏”夏季城市品牌，并设计了相应的旅游品牌视觉标识（见图 4－2）。

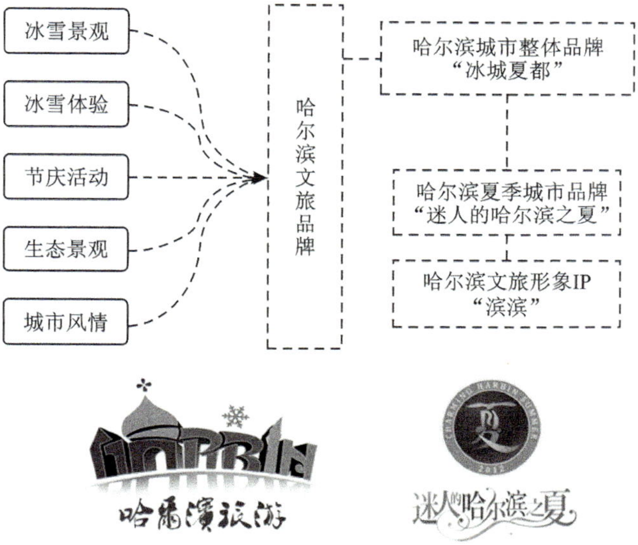

图 4－2　哈尔滨旅游品牌体系

此外，哈尔滨还设计了旅游吉祥物——滨滨（见图 4－3），其形象融合了代表冬季的冰雪与代表夏天的哈尔滨市花丁香花，以这两种元素作为载体，用萌萌可爱的小雪人形象，向各国游客展示了哈尔滨“冰城夏都”这一城市新名片。小雪人的线条和表情表现出了哈尔滨的城市亲和力，又从细节上充分体现了哈尔滨冰雪文化的独特魅力。

哈尔滨旅游吉祥物——滨滨

- 家乡：中国—哈尔滨
- 生日：2018 年 9 月 7 日
- 血型：O 型
- 职业：哈尔滨城市旅游吉祥物
- 性别：男

图4-3 哈尔滨旅游吉祥物——滨滨

- 相貌特点：大眼睛，头顶着哈尔滨市花——丁香花
- 性格：开朗、活泼、调皮
- 兴趣爱好：跳舞、画画、小提琴

哈尔滨现有的旅游品牌“冰城夏都”沿用已久，并深入人心，得到了比较广泛的认可，但建议在黑龙江全新的品牌体系之下进行内涵升级，从原有的“单纯资源陈述”提升为“品质生活展现”。在现有“冰城夏都”旅游品牌的基础上，将对外宣传口号升级为“冰城夏都，心动时光，哈尔滨”。

从资源的陈述进阶为对情感的表述，通过主打城市时尚风情、美食、音乐、啤酒、俄罗斯风情等生活化内容，以感性化的内容实现对游客情感的影响。

同时，通过对“滨滨”的场景化展现，如“滨滨”逛中央大街、“滨滨”吃烤串喝夜啤酒、“滨滨”带着“爽爽虎”游圣·索菲亚教堂等，以“人物+场景+玩法”的形式展现哈尔滨旅游的特质。

2. 齐齐哈尔旅游品牌及IP提升建议

齐齐哈尔以湿地资源、鹤文化、温泉资源、冰雪资源等为重点旅游吸引物，在品牌规划中，核心以“湿地”“鹤文化”作为品牌要素的构成，打造了“世界大湿地，中国鹤家乡”的整体品牌，并且塑造了冬夏季节品牌和多个旅游产品品牌，旅游品牌体系丰富完善。

“世界大湿地，中国鹤家乡”属于资源定位，基于未来市场发展需要，建议在资源的基础上建立游客的情感想象，形成“资源＋文化＋情感”的差异化品牌形象。同时，以丹顶鹤为原型的旅游吉祥物“小鹤齐齐”作为鹤城旅游形象的代表，其俏皮、活泼并带着丹顶鹤独有的灵气，加上红色头冠、黑色翅膀、金色小腿，极具辨识度和吸引力。此外还结合齐齐哈尔温泉、漂流、体育和美食等旅游资源，设计一系列表情包，便于营销传播。

齐齐哈尔现在的品牌“世界大湿地，中国鹤家乡”比较完美地表现了其核心资源，通过持续的宣传，也积累了一定的关注度。但在旅游大众化的时代，纯资源展现型的品牌已经很难引起游客的共鸣和记忆。在全省提出“北国好风光・尽在黑龙江”的新品牌基础之上，齐齐哈尔应全力借势营销，对城市旅游品牌进行细化升级，一是对全省品牌形成体系化支撑；二是在全省品牌的引领之下增补营销宣传的渠道。

作为“鹤城”，齐齐哈尔具有资源上的竞争优势，而在旅游品牌上，需要寻求“鹤城”与“人”的连接，建议齐齐哈尔的城市旅游推广语调整为“爱鹤之城”——这是一座守护丹顶鹤的城市，也是一座全世界热爱丹顶鹤的人们向往的城市。

3. 牡丹江旅游品牌提升建议

牡丹江是中国对俄经贸合作第一大市，是国内外游客赴俄领略异国风情和俄罗斯入境游客休闲度假的目的地和中转站。域内旅游资源非常丰富，素有“塞北江南”之别称和“中国雪城”之美誉。拥有灵秀镜泊秘境、壮美林海雪原、欢乐熊虎之乡、沧桑渤海古国、辉煌百年口岸等经典旅游品牌，多元文化、珍稀野生动物、红色历史等资源也为牡丹江品牌添砖加瓦。

牡丹江以“中国雪城”为旅游名片，“冰雪胜境，避暑天堂——牡丹江”为整体品牌，在此基础上，牡丹江旅游要朝着休闲生活方式的定位转变，“牡丹江”本身就营造了一种唯美闲适的情感意境，建议形象口号改为“每个人心中，都流淌着一条牡丹江”。

4. 佳木斯旅游品牌提升建议

佳木斯拥有大森林、大湿地、大农业、大冰雪、大界江等丰富的自然资源，以及民俗文化、抗联文化、知青文化等浓厚的历史文化资源，目前已初步形成集民俗体验、休闲避暑、疗养度假、商务旅行、出境入境等多种产品为一体的区域旅游目的地和集散地。以东极抚远黑瞎子岛为核心产品和旅游目的地，整合区域内现代农业、森林湿地、特色民俗、界江界岛、边境出境、乡村旅游等资源，开发夏季旅游产品；结合冬季冰雪资源打造了"赏冰乐雪季，快乐佳木斯"冬季旅游品牌。

佳木斯以"东极"为核心点，以"快乐"为情感特征，突出其"位于中国最东部，是第一缕阳光的起点"的资源，打造"阳光新起点·快乐佳木斯"的整体品牌，突出佳木斯阳光普照、生活甜蜜和超高幸福指数的品牌形象。

5. 大庆旅游品牌提升建议

大庆塑造了"绿色油化之都、天然百湖之城、北国温泉之乡"的旅游品牌，以"石油文化、生态湿地、雪地温泉"为主打，以红色旅游、湿地旅游、温泉旅游、历史文化、民俗风情、生态农业、现代工业、城市风光八大旅游产品体系为支撑，其中石油文化资源独特，全省唯一，是大庆精神、铁人精神的发源地，工业遗产丰富；生态湿地资源典型，大庆湿地为 49.8 万公顷，240 多种数以十万计的鸟禽在此栖息，湿地发育良好，类型丰富，保护完整，是现代生态旅游的难得去处；大庆市地热探明储量达 5000 多亿立方米，地热温泉资源丰富，特色突出，是国内最大的中低温地热田，主要分布在林甸县、杜蒙县和市区内。林甸县素有"中国温泉之乡"的美誉。

大庆以"石油文化、生态湿地、雪地温泉"为主要内容塑造了"绿色油化之都、天然百湖之城、北国温泉之乡"的资源型旅游品牌。在新体系之下，大庆更应该突出转型后的绿色生态形象，突出资源特色以及城市运动、休闲、活力的一面；同时，大庆石油是一块金字招牌，应当充分借力，结合黑龙江打造"美好生活"的整体品牌愿景，建议打造"活力大庆，为美好加油"的体验型＋情感化品牌。

6. 鸡西旅游品牌提升建议

依托兴凯湖、乌苏里江、珍宝岛、鸡冠山等自然资源和历史人文资源，鸡西形成了一湖、一江、一岛、一山的旅游整体框架。以兴凯湖为龙头，辐射带动乌苏里江沿线和其他旅游景区发展。湿地湖泊、红色文化是鸡西两大核心旅游资源。

近年来，鸡西依托其资源打造了不同的旅游品牌，如提出“大美兴凯湖、活力鸡西城”旅游品牌形象，彰显其边境生态旅游休闲度假胜地的丰富内涵；2016年推出“谜一样的乌苏里江，海一样的兴凯湖，美丽鸡西不一样的江湖”的宣传口号。目前，鸡西致力于从全域旅游角度大力宣传该市环境保护、生态建设和生态旅游工作，提升鸡西生态旅游品位，叫响鸡西“生态旅游名城”城市品牌。

以乌苏里江、兴凯湖为代表的界江界湖是鸡西的核心旅游资源，鸡西的旅游品牌应该突出边境城市的“神秘感”，打造“边城鸡西，不一样的江湖”的品牌。

7. 双鸭山旅游品牌提升建议

双鸭山拥有森林、界江、湿地、农业、冰雪、口岸等旅游资源，其中双鸭山所处的三江平原是中国唯一、世界仅有的三大黑土地之一。农业资源品牌“黑土地”“北大荒”具有高度的差异性和独特性，是闻名全国的农业品牌。同时双鸭山还拥有保存最完整、最具代表性和原始性、在全国最具垄断性的沼泽性湿地群。

双鸭山重点推出了中俄界江乌苏里江畅爽之旅、黑土湿地之都生态避暑之旅、北大荒现代农业激情体验之旅、湿地观鸟科普研学之旅、赫哲民族风情探秘之旅、俄罗斯异域风情浪漫之旅六条春夏精品旅游线路。双鸭山春夏旅游有六大特色：中国最大的黑土湿地群、中国最洁净的界江、中国最凉爽的天气、广阔无垠的万顷良田、便捷的对俄旅游通道、独特的赫哲族风情。此外，双鸭山是挹娄族的发祥地，拥有众多古挹娄文化及遗存。这里江河纵横，河网密布，水文景观丰富。

依托优势的农业与湿地资源，双鸭山打造了“中国黑土湿地之都”的旅游整体形象，并设计了视觉标识。为了进一步凸显以“田野”文化为核心的旅游特质，建议品牌口号定为“双鸭山，田园生活新选择”。

8. 伊春旅游品牌及IP提升建议

森林资源是伊春最具优势的核心吸引物，伊春拥有亚洲面积最大、保存最完整的红松原始林，浩瀚的山川林海达400万公顷，空气中负氧离子浓度为平均2.7万个/立方厘米，夏季平均气温22℃，是清凉畅爽的天然氧吧。伊春拥有汤旺河林海奇石风景区、五营国家森林公园、嘉荫茅兰沟和恐龙地质博物馆等百余个优质旅游景区，凭借独特的生态资源优势，成为全国游客消夏避暑、休闲度假的热门城市。

基于此，伊春推出了“林都伊春——森林里的家”的整体旅游品牌，以森林资源为核心吸引物，并打造了丰富的四季旅游产品，春赏花、夏避暑、秋观山、冬嬉雪已成为伊春独特的四季品牌。

同时，伊春选择以啄木鸟和松鼠为原型，打造了旅游吉祥物“木木”和“嘟嘟”。啄木鸟是“森林卫士”，更是伊春的“市鸟”。啄木鸟“木木”是一位姑娘，它有着大大咧咧和真实善良的性格，极具正义感，正如热情淳朴、正直善良的伊春人。小松鼠“嘟嘟”是一个勇敢、热爱冒险的男孩子，它善于探索、机灵可爱，具备伊春人勇往直前、聪明睿智的性格。啄木鸟“木木”和松鼠“嘟嘟”，名字合在一起为“林都”之意，体现了伊春优良生态资源的多样、健康和绿色，并设计了一系列吉祥物表情包，为伊春建立了城市名片。

伊春在“林都伊春”的品牌基础上，推出了“林都伊春，森林里的家”品牌，由资源型品牌向体验型品牌迈出了坚实的一步，建议在推广工作中突出“森林旅居”的生活化特质。

9. 七台河旅游品牌提升建议

七台河的城市名片为“冬奥冠军之乡”，是“国家重点高水平体育后备人才基地”“国家短道速滑七台河体育训练基地”，被誉为“冬奥冠军之乡”“世界冠军的摇篮”。七台河是东北地区最大的焦煤和焦炭生产基地，是黑龙江省煤化工产业链最长、规模最大、产品最多、效益最好的地市，是名副其实的焦化之都。作为焦化之都，黑色曾经是这个城市的主题色。

但是现在，七台河所拥有的，不仅只有黑色，这里既有绿水青山，也有冰天雪地；既可以在万紫千红的五花山、随风摇曳的紫色禹森薰衣草庄园、紫色黑甜甜葡萄采摘园感受炫彩之美，也能在桃山湖领略千里冰封皑皑白雪、在英伦庄园体验滑雪运动的快乐；还有精致的亮化工程，让城市在夜幕降临后开启跃动篇章，感受斑斓变幻。

七台河为中国培育出了多位优秀的冬奥冠军，其体育旅游资源尤其值得关注，并且七台河也加大了投入及开发力度。七台河旅游品牌的升级打造可进行借势，将冰雪运动的“快”节奏与七台河旅游的“慢”生活进行对照，打造“比赛追求速度，生活追求温度，邀您慢游七台河”的品牌口号。

10. 鹤岗旅游品牌提升建议

鹤岗市萝北口岸对岸是俄罗斯犹太自治州，是中、俄、犹多元文化的交汇点，具有独特的文化融合风情。在山水生态方面，拥有“中国最佳山水文化旅游胜地”“中国极具发展潜力的旅游城市”美誉。游客可在冰雪旅游方面体验冰雪与北方民俗文化的完美融合。在2019“游龙江三峡，赏两国风光”旅游推介会上，鹤岗市重点推介了中俄界江游、原始森林游、现代农业游、矿山文化游、科普研学游、健康养生游、体育健身游等精品线路。

鹤岗境内河流交错、百川汇集，江河、湖泊、湿地围绕着小兴安岭，一派清隽景象，自然风光极佳。黑龙江省生态环境厅公布了2019年1—11月“龙江好空气”排行榜，从环境空气质量综合指数同比变化看，鹤岗排名第一。

一方面，鹤岗结合中俄边境文化交融的资源优势，打造了“游龙江三峡，赏两国风光”的文旅品牌；另一方面，鹤岗因极低房价上了热搜，亦是一座生活压力很低的城市。所以，鹤岗应在全新旅游品牌中主打低压力生活，突出在鹤岗的闲情逸致。综合自然资源和城市环境元素，建议鹤岗的旅游品牌口号定为“龙江有三峡，休闲在鹤岗”。

11. 绥化旅游品牌提升建议

绥化素有“中国寒地黑土之都”的美誉，先后荣获“全国十大最具幸福感城市”“全国幸福比例最高城市”“中国寒地黑土绿色农业示范市”等称号，是中国寒地黑土特色农业物产之乡，是历史悠久的农业大市、全国重要的商品粮基地，也是正在扬帆启航的新兴旅游城市。绥化市旅游资源密集，不仅有小兴安岭余脉的山川秀美、呼兰河水景的隽丽闺秀，还有千里大平原、壮美大峡谷、沃野大农田。

绥化是中国寒地黑土绿色农业示范市，也是2009年度中国十大幸福省份中排名第一的城市；同时，绥化还拥有非常多的庄园，结合自然景观和地产项目，还原了松嫩平原上的历史岁月，有着极佳的庄园风情和乡村旅游基础。因此，可依托“寒地黑土”的资源唯一性、“幸福城市”的城市形象以及庄园景观的特色文化，打造绥化“寒地黑土上的庄园生活”旅游品牌，既突出资源特质，又彰显生活特色。

12. 黑河旅游品牌及IP提升建议

黑河市整合五大连池、边境口岸、知青文化等特色旅游资源，打造了“中俄风情之都，北国养生福地”旅游大品牌和“静静的黑河”旅游形象口号，核心打造“一条黄金旅游线”、夏季和冬季各六大主题旅游产品。“一条黄金旅游线”是核心打造五大连池＋黑河＋俄布市的“黄金旅游线”。该线路集合了黑河市最具特色的核心旅游资源，且具有较强的产品丰富度及区域延展性，因此被称为黄金旅游线。

同时，黑河还设计了憨态可掬的“嘿嘿熊”吉祥物（见图4－4），它性格爽朗、热情善良。“嘿嘿熊”的原型是经常在黑河及俄罗斯阿穆尔州来回“串门”的亚洲黑熊，头顶有代表火山的“发型”，将黑河最主要的两大旅游资源“中俄双子城”和“五大连池火山”巧妙地表现了出来。

黑河是中国最北端的城市之一，与俄罗斯的布拉戈维申斯克仅一江之隔，有“中俄双子城”之称。这里异域风情浓郁、安静悠闲。建议品牌在“美好生活”内涵下升级为“静静的黑河·向往的生活”。

13. 大兴安岭旅游品牌提升建议

大兴安岭地区地处黑龙江省西北部，是祖国的最北边疆，与俄罗斯隔江相望，素有“神州北极”之美誉。大兴安岭旅游资源神奇独特，拥有神州北极、神奇天象、神秘石林、神勇民族、龙江源头、圣诞世界、最美湿地、最冷小镇、爱情坐标、龙江第一湾等垄断性的旅游资源和稀缺性的绝美奇观。其中极北、极寒、极光、北极村等是大兴安岭最独特的资源代表。

大兴安岭既有绿水青山，又有冰天雪地；既有极北地缘，又有神奇天象，故浓缩成了享有盛誉的“神州北极·大美兴安”旅游品牌。实际上，由于教科书的原因，大兴安岭知名度极高，很多人都知道，但只有少数人来

图 4 - 4　黑河旅游吉祥物

过，建议品牌口号定为“大兴安岭，一直在等你”。

对黑龙江省各地市旅游品牌提升及 IP 形象升级的建议汇总见表 4 - 1、表 4 - 2。

表 4 - 1　黑龙江省各城市口号建议汇总

序　号	城　市	现有品牌	“美好生活”标签	新体系下口号建议
1	哈尔滨	冰城夏都	主打城市旅游，美食、音乐、啤酒、中俄风情等休闲生活	冰城夏都，心动时光，哈尔滨
2	齐齐哈尔	世界大湿地 中国鹤家乡	湿地景观佳，也是丹顶鹤的故乡，心在这里能得到安静，是空灵生活之地	爱鹤之城，齐齐哈尔
3	牡丹江	冰雪胜境 避暑天堂	牡丹江被称为雪城，拥有极佳的粉雪资源，也是黑龙江农业最发达的城市，有塞外江南、鱼米之乡的美誉	每个人心中，都流淌着一条牡丹江
4	佳木斯	东极新天府 快乐佳木斯	资源丰富，景观优美，民风淳朴，居民幸福指数高，有北国天府的美誉，主打轻松快乐的生活	阳光新起点·快乐佳木斯

续表 4-1

序 号	城 市	现有品牌	“美好生活”标签	新体系下口号建议
5	大庆	百湖之城 石油之都	大庆湖泊众多，绿化优秀，体育运动发达，整个城市充满活力；同时也拥有中国最大的油田，经济发达，是美好生活的完美体现	活力大庆，为美好加油
6	鸡西	谜一样的乌苏里江，海一样的兴凯湖。美丽鸡西，不一样的江湖	拥有大片肥沃农田，是绿色有机粮食的主要产区，象征优渥的生活；同时还有乌苏里江、兴凯湖等界江界湖，并谐意“江湖”，引人联想	边城鸡西，不一样的江湖
7	双鸭山	中国黑土湿地之都·双鸭山	双鸭山是挹娄族的发祥地，拥有众多古挹娄文化及遗存；同时，这里江河纵横，河网密布，水文景观独富诗意，主打滨水的悠闲生活	双鸭山，田园生活新选择
8	伊春	林都伊春	森林覆盖率极高，有祖国林都之称，物产丰富，城市和谐，主打森林中的绿色、静谧生活	林都伊春，森林里的家
9	七台河	暂无相关数据	培养了大量的冬奥冠军，他们在冰上拥有极致速度，生活中却缓慢悠闲。正是生活的态度，才成就了这片冠军的沃土	比赛追求速度，生活追求温度，邀您慢游七台河
10	鹤岗	游龙江三峡 赏两国风光	鹤岗是一座生活压力很小的城市，境内河流交错、百川汇集，江河、湖泊、湿地围绕着小兴安岭，一派清隽景象，自然风光极佳	龙江有三峡，悠闲在鹤岗
11	绥化	暂无相关数据	绥化是中国寒地黑土绿色农业示范市，也是中国十大幸福省份中排名第一的城市(2009年)。同时，绥化还拥有非常多的庄园，结合自然景观和地产项目，还原了三江平原上的历史岁月，有着极佳的庄园风情	绥化寒地黑土上的庄园生活
12	黑河	中俄风情之都 北国养生福地	中国最北的城市之一，与俄罗斯的布拉戈维申斯克仅一江之隔，这里异域风情浓郁、安静悠闲，主打恬静快乐的生活	静静的黑河·向往的生活
13	大兴安岭	神州北极 大美兴安	中国最北端的地区，大兴安岭林区覆盖全域，森林景观多样且极致	大兴安岭，一直在等你

表 4-2　黑龙江省各城市吉祥物建议汇总

地　市	核心吸引物	城市名片	品牌 logo	建议文旅品牌/口号	现有或建议吉祥物
哈尔滨	冰雪——亚布力 生态、城市风情	冰城夏都	√	美好的时光，停在哈尔滨	滨滨
齐齐哈尔	湿地——扎龙湿地 鹤文化	鹤城	√	齐齐哈尔 心飞翔·新向往	小鹤齐齐
牡丹江	冰雪——雪乡 湿地湖泊——镜泊湖	中国雪城	√	牡丹江 鱼粮满仓，粉雪故乡	雪妞丹丹
佳木斯	华夏东极——抚远 湿地、民俗	华夏东极	—	阳光新起点·快乐佳木斯	人参鸟佳佳
大庆	石油文化、湿地、温泉	—	√	活力大庆，为美好加油	猫头鹰庆庆
鸡西	湿地湖泊兴凯湖 红色文化珍宝岛	生态旅游名城	√	北国有沃土，鸡西见江湖	金雕小西
双鸭山	农业品牌 ——北大荒湿地	—	√	寻踪古挹娄，水润双鸭山	马鹿大山
伊春	森林	林都	√	在伊春 享受森林里的时光	啄木鸟木木·松鼠嘟嘟
七台河	煤炭工业旅游 体育旅游	冬奥冠军之乡	—	在七台河 体验冠军生活	神鹰酷噜
鹤岗	边境风情 ——中俄犹文化	中俄界江旅游胜地	√	闲在鹤岗 静享流水时光	梅花鹿大刚
绥化	农业资源	—	—	绥化：寒地黑土上的庄园生活	紫貂团子
黑河	边境风情——中俄双子城 火山矿泉——五大连池	静静的黑河	√	静静的黑河，悠闲的生活	嘿嘿熊
大兴安岭	神州北极——漠河北极村 森林、冰雪	神州北极	—	与森林来一场约会	北吉鹿

4.2.3　季节品牌

游客在黑龙江四季游玩偏好各有不同，春季偏好踏青、赏花；夏季喜欢自然风景、漂流和水上游乐、森林穿越、登山等项目，感兴趣的项目数量最多；秋季想要欣赏河流湖泊秋色和观看东北秋收；冬季向往冰雪观光，想体验滑冰滑雪、泡温泉等项目（见图 4-5）。整体而言仍是观光类的排名比较靠前，这表示黑龙江的绝美风光已深入人心，而在体验型项目的营销宣传方面还有待进一步加强。

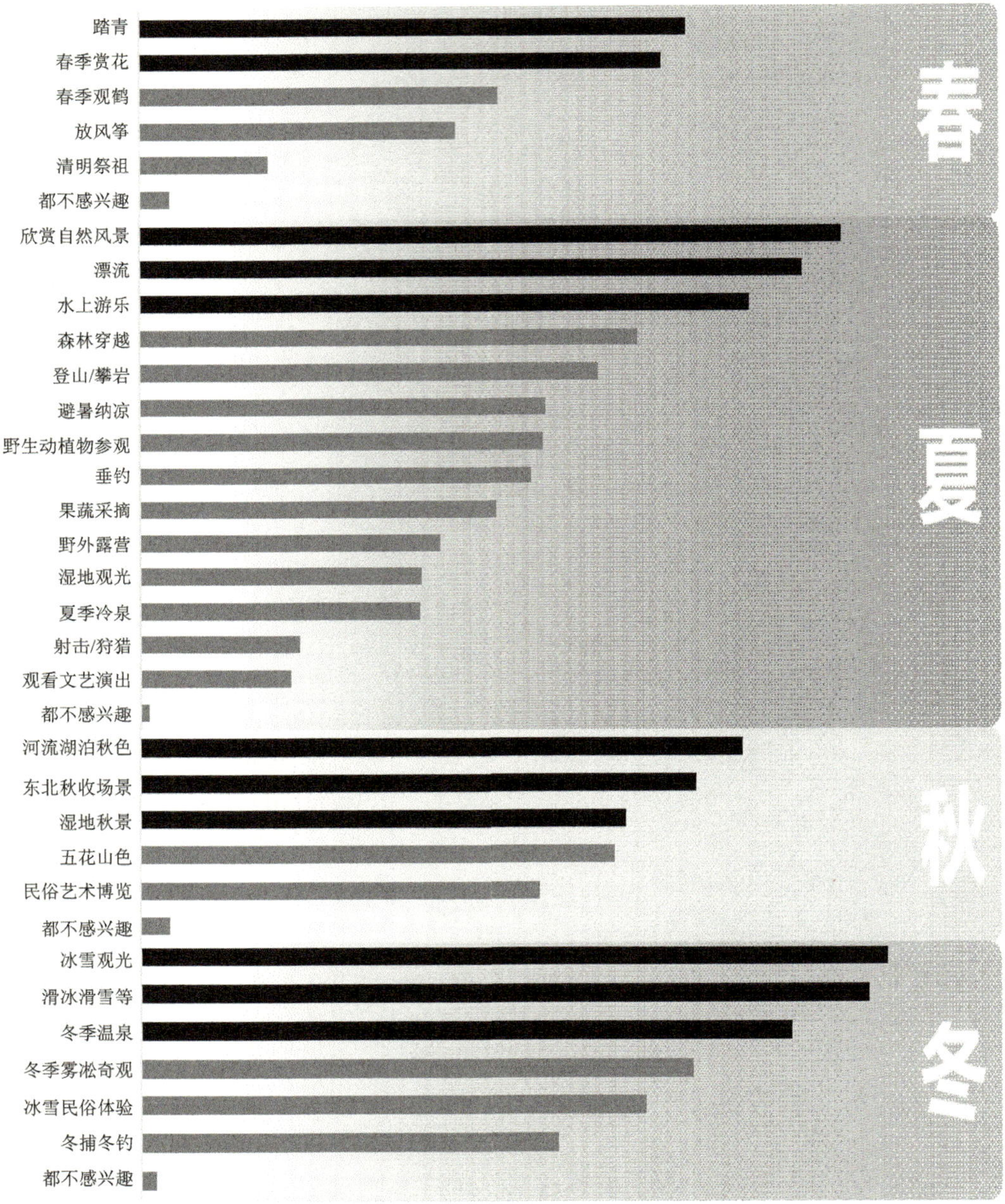

图 4-5　受访者对黑龙江不同季节感兴趣的旅游项目

建议未来在旅游产品创新和推广方面，结合游客既有偏好来考虑，同时需特别加强对文化和艺术类资源的四季推广。

季节品牌形象 1：春季旅游品牌形象

黑龙江的春季虽短，但仲春时节，冰雪消融后森林重染新绿、百花绽放、生机勃发的景致仍是北国风光的典型代表，而游客对黑龙江春季的期待以踏青赏花为主，也相对符合黑龙江春季的特有景观和独特体验。在新品牌体系之下，春季对外宣传的口号可定为：北国春光·花开龙江。

季节品牌形象 2：夏季旅游品牌形象

《生态旅游发展报告(2018 年)》数据显示，黑龙江的国家级森林公园数量和面积均排名全国第一(见图 4-6、图 4-7)。

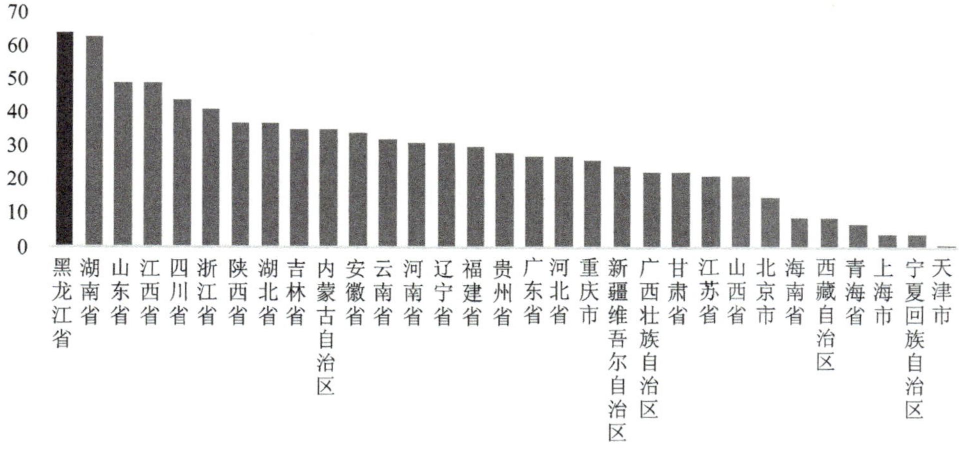

图 4-6　各省、市、自治区国家森林公园数量

黑龙江省的森林资源非常丰富，国家级森林公园数量和面积、国家级自然保护区数量均排名全国第一，森林面积全国第二，林地面积全国第三；加上黑龙江省的地理位置处于中国雄鸡版图的最北方，游客对黑龙江省夏季旅游的期待主要集中在风光欣赏、森林项目体验、消暑纳凉等与森林相关的内容上，因此，黑龙江省夏季对外宣传的口号可定为：避暑胜地·清凉龙江。

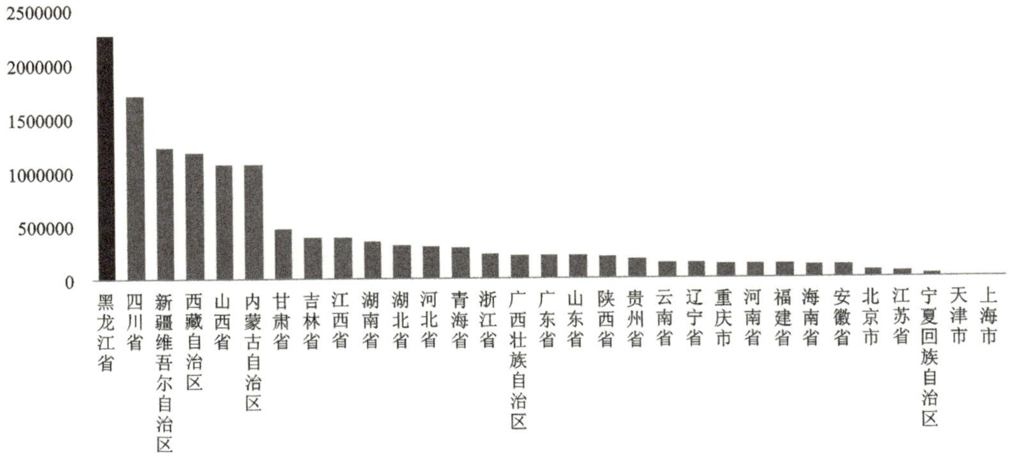

图 4－7　各省、市、自治区国家森林公园面积

资料来源：中国生态文明研究与促进会生态旅游分会，《生态旅游发展报告（2018 年）》。

注：数据截止到 2017 年年底，不包括我国香港、澳门、台湾。

季节品牌形象 3：秋季旅游品牌形象

秋季的黑龙江，森林因为树种不同，树叶也会有不同颜色，从而变得五色斑斓，形成了特有的“五花山色”；此外，作为全国排名第一的粮食产区，黑龙江的秋季是丰收的季节。而对于游客的期待，秋色、秋收、秋景是众人的首选，也是黑龙江最具代表性的秋季景致。因此，秋季对外的宣传口号可定为：五花山色・丰收龙江。

季节品牌形象 4：冬季旅游品牌形象

《中国冰雪旅游消费者大数据报告》显示，黑龙江的冰雪旅游热度非常高，而且吸引的客群最多，客群分布的区域也最广。经过 30 余年的持续发展、提升和优化，黑龙江的冬季旅游已成为全国冰雪旅游的旗帜和标杆。

游客对黑龙江冬季旅游的期待也集中在冰雪观光（冰灯冰雕、雪景雪雕等）、冰雪运动（滑冰滑雪、嬉雪玩雪等）和冰雪体验（温泉、美食等）等方面。特别是如梦如幻的冰灯艺术以及雪乡的奇致美景，让游客感叹仿佛进入了童话世界，是游客提及率最高的冬季项目。

因此，结合黑龙江冰雪资源的优势以及游客对黑龙江冬季旅游的期待，冬季的宣传口号可定为：冰雪之冠 · 童话龙江。

4.3　产品品牌

在黑龙江省委十二届五次全会上通过的中共黑龙江省委《关于贯彻“八字方针”深化改革创新推动经济高质量发展的意见》（以下简称《意见》）中提出，要优化提升“一城四线”精品线路，深度开发生态度假类旅游新品、冰雪旅游名品、康养旅游精品，打造夏季凉爽、冬季冰爽的“必到必游”核心景区。依托黑龙江绿色资源优势，深度开发养生、健康美食系列，大力发展龙江特色餐饮，形成优质、便捷、经济的旅游餐饮服务网络；推进度假型、主题型精品酒店建设，推进“森林之家”“快乐农场”等特色民宿，以及高速公路、高等级公路沿线汽车旅馆建设；实施品牌战略，叫响旅游商品龙江品牌，推进特色旅游商品进景区，打造旅游商品交易中心和集散地。

基于《意见》内容，黑龙江省将建立完整的旅游产品体系，包括线路产品、旅游节庆、美食、旅游商品及旅游住宿五类，同时也将构建完整的产品品牌体系（见图 4－8），实现对总体品牌体系的有力支撑。

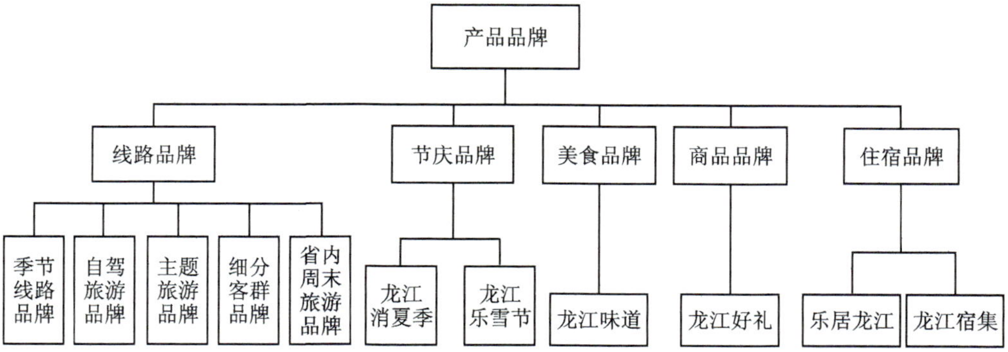

图 4－8　黑龙江省旅游产品品牌体系

4.3.1 季节线路品牌

春季核心吸引物：以“赏花观鸟十观开江、品江鱼十滑春雪”三大主题为主

（1）赏花观鸟：五大赏花地（冰城哈尔滨赏丁香花，凤凰山赏高山杜鹃，五大连池赏火山石海达子香，兴凯湖堤岸赏杏花，大小兴安岭林海赏杜鹃），五大观鸟地（兴凯湖观东方白鹳，呼兰河口聆听百鸟争鸣，扎龙自然保护区观丹顶鹤，黑瞎子岛看苍鹭伴日出栖息，伊春新青探访中国白头鹤）；

（2）观开江、品江鱼：哈尔滨市松花江段，佳木斯市同江三江口段，大兴安岭呼玛县黑龙江段，黑河市黑龙江段，鸡西兴凯湖、乌苏里江（鸡西虎头段）；

（3）滑春雪：亚布力滑雪场，伊春滑雪场，神鹿滑雪场，黑河红河谷国际滑雪场。

夏季线路品牌：以十大精品线路为主

黑龙江夏季线路品牌主要以十大精品线路为主，见图 4－9。

秋季线路品牌：以“五花山色和农业丰收”为主

秋季线路品牌主要包括五大五花山色观赏地（伊春·汤旺河国家公园、牡丹江·镜泊湖风景区、哈尔滨·亚布力旅游度假区、五常·凤凰山、漠河·北极村），及五大特色农业观光区（哈尔滨市现代农业示范园、佳木斯农垦建三江万亩大地号、五常市稻花香生态旅游体验区、农垦红兴隆分局、农垦宝泉岭分局）。

五花山色·山湖边境风情：线路 1：亚布力滑雪旅游度假区/凤凰山—横道河子俄罗斯风情园—中东铁路机车库—镜泊湖—绥芬河/东宁赴俄跨境游—长白山；线路 2：亚布力滑雪旅游度假区—雪乡—镜泊湖—密山兴凯湖—虎头要塞—珍宝岛湿地/东方红湿地；线路 3：佳木斯—建三江二道河农场/万亩大地号—燕窝岛湿地—千鸟湖湿地—同江赫哲族旅游区—黑瞎子岛赴俄跨境游。

迷人的哈尔滨之夏

线路安排：圣·索菲亚教堂—中央大街—防洪纪念塔—哈尔滨大剧院—东北虎林园—哈尔滨极地馆—太阳岛—哈尔滨融创乐园—呼兰河口湿地—伏尔加庄园—中华巴洛克街区；

特色：生态园林、动物欣赏、音乐休闲、建筑艺术

华夏东极

线路安排：哈尔滨—抚远—华夏东极太阳广场—黑瞎子岛—(俄)哈巴罗夫斯克市；

特色：欣赏第一缕阳光出现在天际的壮美景色，游览中俄界岛黑瞎子岛，欣赏黑龙江、乌苏里江交汇的美景奇观

神州北极

线路安排：哈尔滨—漠河—北极村—龙江第一湾—北红村；

特色：寻找中国的最北点，探访最北之家、最北邮局，欣赏“北极光”“极昼”等神奇天象

火山森林

线路安排：哈尔滨—铁力—伊春—五大连池—黑河—(俄)布拉戈维申斯克市；特色：“天然空调”和“森林氧吧”，五大连池壮观的火山地质奇观，在这里避暑疗养，可以放松身心，怡情养性

鹤舞湿地

线路安排：哈尔滨—大庆—杜尔伯特—齐齐哈尔；

特色：闻名世界的“鹤乡”，大庆石油文化铸就的“铁人精神”，从湿地到油田，特色之旅带来别样的体验

双湖秘境

线路安排：哈尔滨—亚布力—镜泊湖—兴凯湖；

特色：在湖光山色间，人与自然和谐共处，在湖光掠影里，鱼鸟相恋，没有边界

乡居田园

线路安排：哈尔滨—佳木斯—建三江—双鸭山；

特色：有世界上最大的单体粮食种植区建三江万亩大地号、“三江平原上的明珠”的七星农场旅游小镇，走进黑龙江，体验轻松自在的乡居田园生活

中国两极穿越

线路安排：抚远—同江—萝北—嘉荫—黑河—呼玛—十八站—漠河；

特色：领略界江、森林、湿地等自然风光，感受中国“极点”、中俄边境等独特人文体验，参与丰富有趣的户外活动，感受独特极致的自驾穿越之旅

百年中东铁路

线路安排：哈尔滨—安达—杜尔伯特—齐齐哈尔—五常—尚志—特丹江—绥芬河—(俄)符拉迪沃斯托克市；

特色：探寻具有历史意义的火车站，寻迹历史悠久的百年小镇，欣赏带有岁月痕迹的俄式老建筑

探寻古驿路

线路安排：嫩江—联兴乡—南瓮河国家级自然保护区—呼玛—十八站—二十二站—北红村—北极村—洛古河村；

特色：沿着黄金之路探寻古驿路文化的魅力，一路向北追寻北极村“最北”的神秘

图 4-9　黑龙江省夏季旅游线路品牌

五花山色·探秘小兴安岭：线路 1：五大连池—黑河—俄布市—嘉荫

恐龙博物馆—龙江三峡—名山岛—鹤岗谕霖射击场；线路 2：铁力桃山玉温泉—伊春五营国家森林公园—汤旺河国家公园—嘉荫恐龙博物馆—茅兰沟。

金色龙江·北国风光大道：大庆石油科技馆/铁人纪念馆—连环湖—扎龙自然保护区—呼伦贝尔草原—满洲里。

五花山色·神州北极：线路 1：漠河—北极村—北红村—龙江第一湾—乌苏里江浅滩(最北点)—漠河石林；线路 2：漠河北极村—加格达奇南瓮河嫩江源景区—鄂伦春自治旗嘎仙洞—海拉尔呼伦贝尔草原；线路 3：漠河北极村—呼中—呼玛—黑河—伊春—鹤岗—同江—抚远两极穿越自驾游；线路 4：嫩江—加格达奇—南瓮河湿地—呼玛—十八站—漠河—北极村—洛古河古黄金驿路自驾游。

秋游哈尔滨：哈尔滨一地。

冬季线路品牌：以“冰天雪地黑龙江”为主题

冰天雪地黑龙江——“神州北极”：以北极村、北红村、中国最北点、黑龙江起点洛古河村、胭脂沟、漠河石林、龙江第一湾等景区为核心吸引物。特色：中国最北、漠河冬至节的极夜天象、极寒的气候条件、北极圣诞村圣诞文化。

冰天雪地黑龙江——“火山森林”：以五大连池世界地质公园、五营国家森林公园、汤旺河林海奇石风景区、库尔滨雾凇、铁力桃山玉温泉、日月峡滑雪场为核心吸引物。特色：集自然、文化、历史、康养于一体的冬季旅游线路。

冰天雪地黑龙江——“鹤舞雪原”：以扎龙国家级自然保护区、连环湖温泉、林甸温泉、大庆石油科技馆等景区为核心吸引物。特色：将鹤乡、温泉、美食、运动有机结合，是集冰雪观光、冰雪体验、冰雪度假于一体的畅爽体验。

冰天雪地黑龙江——“大美雪乡”：以林海雪原、亚布力滑雪旅游度假区、雪乡国家森林公园、镜泊湖、凤凰山国家森林公园、虎峰岭天然生态景区、俄罗斯风情园、绥芬河赴俄罗斯跨境游为核心吸引物。特色：回味历史、追忆往昔，体验冰雪、寻找刺激、休闲放松。

冰天雪地黑龙江——“冰雪之冠上的明珠”：以哈尔滨融创乐园、呼兰河口湿地欢乐冰雪世界、东北虎林园、哈尔滨极地馆、英杰温泉等城市休闲体验景区景点为核心吸引物。特色：冰雪文化、欧陆风情。

基于以上分析，黑龙江省季节性线路品牌产品归纳见图 4－10。

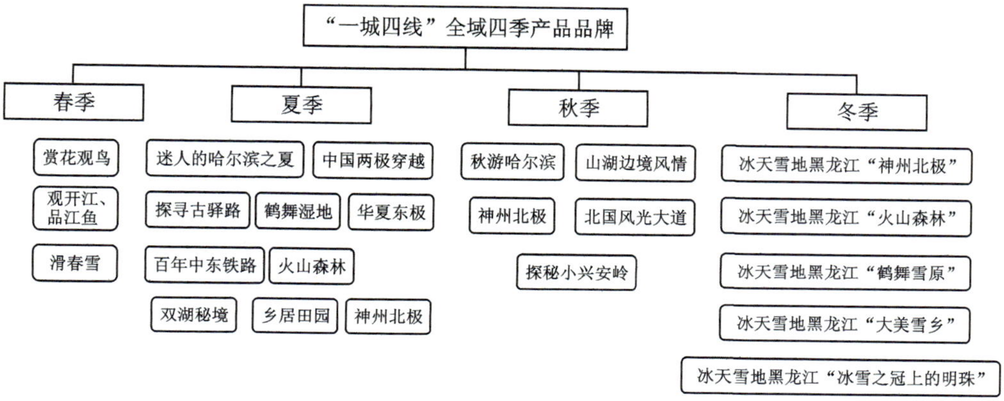

图 4－10　黑龙江省四季线路旅游产品及其品牌定位口号

4.3.2　自驾旅游品牌

调研显示，现有黑龙江游客超过 7 成选择自助出行，散客占据主力，未来需要不断增加自助游产品的供给，提升品质，并加强营销宣传，以吸引游客，促进其旅游决策。

旅游方式选择方面，总体上以火车和飞机为主，其次是长途大巴和自驾；整体来看，自驾游的比例仍显不足。虽然黑龙江游客具有较强的自驾属性，但目前自驾游客仍然较少，未来应加强对自驾游的配套建设及产品打造，引入更多汽车租赁企业，发展落地自驾。

节假日驾车偏好方面，近 6 成游客在节假日偏好驾车出游（见图 4－11）。整体来看，黑龙江游客具备较强的自驾游属性，未来在相关配套及高端自驾产品的打造方面需加强。

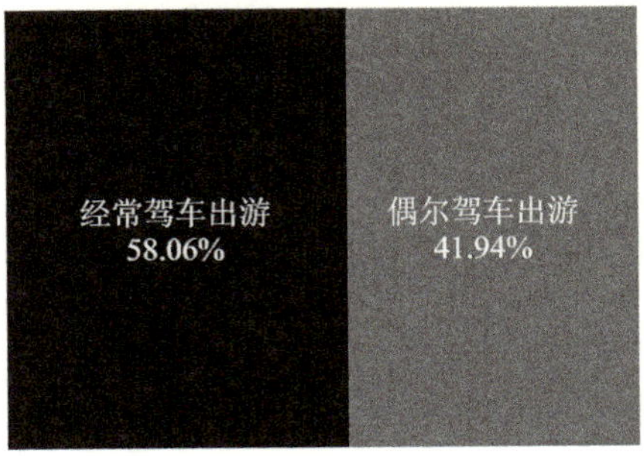

图 4－11　黑龙江游客的自驾游偏好

受访者原话摘录：

- 开着房车一路向北，看看祖国的大好河山，准备从哈尔滨到伊春，再往北去内蒙古。
- 我们一家共七人一起来的。我们去了呼伦贝尔、漠河、齐齐哈尔、五大连池。
- 正好暑假，带孩子出来转转，体验一下黑龙江当地的风光。而且距离也不远。
- 比较喜欢一些建筑和河流，自然和人文的最好综合起来。
- 冬天不会去自驾，感觉太冷而且不是很安全。
- 感受不错，一路走一路玩，看到很多的自然风景，花销也比较少。
- 之前来过，冬季看看冰雪大世界和雪景，但不是开车来的。
- 卫生间少，不太干净，基础设施不好。而且这边感觉总体的消费偏高。
- 我们自己在手机上搜一些攻略，然后借助地图制定的线路。
- 不太敢去漠河，觉得那边人烟稀少，不安全。而且也怕一路上信号可能不太好。
- 伊春感觉服务比较好，人都比较客气。
- 这边的铁锅炖不错，感觉还挺好吃的。这边的土蘑菇挺好吃的。
- 喜欢博物馆，但感觉这边博物馆有点少。博物馆主要就是给别人介绍当地特色的。想了解一个地方的历史就要去他们的博物馆。

对于去黑龙江旅游的自驾游客而言，驾车出游不只是交通的手段，更是一种乐趣，他们享受行驶在路上及在野外露营的感觉。他们多为 70 后、80 后、90 后，来自周边省市，春、夏、秋季出行居多，和朋友或家人一起，多爱好摄影、探险和越野，对自然、人文景观比较热衷，有很强的传播力。综合以上信息，可以推出以下自驾旅游品牌：

自驾旅游品牌 1：中国两极穿越

特色体验："中国两极穿越"是一条全国顶级的自驾路线，也是一场中俄边境上的中国地理极点的极致远征。沿中俄边境线，从华夏东极抚远到神州北极漠河，驱车跨越 2200 多公里，沿途领略中国地理极点、界江、森林、湿地、中俄边境等自然风光和独特人文，体验森林自驾穿越、森林徒步、野外露营、射击狩猎等丰富的户外活动，感受充满冒险、向往自由、独特极致的自驾穿越之旅（见图 4－12）。

图 4－12　中国两极穿越自驾旅游品牌形象

自驾旅游品牌 2：兴安杜鹃踏春之旅

特色体验：春季的黑龙江，最有特色的春花当属兴安杜鹃。作为北国春天的使者，杜鹃花海遍布大小兴安岭、火山湖畔，恰好适宜自驾游爱好者开启踏青寻芳之旅。除赏花外，此时的黑龙江更可观开江、品江鱼，亦是一次春季赏味之旅。

自驾旅游品牌 3：北国风光大道

特色体验：从冰城夏都哈尔滨到神州北极漠河，行程 1500 多公里，沿途体验哈尔滨的城市风情、大庆的百湖风光与石油文化、齐齐哈尔的大美湿地风光、五大连池的火山冷泉、大兴安岭鄂伦春族民俗以及漠河的极北文化与美妙极昼，感受“北国好风光·尽在黑龙江”。

自驾旅游品牌4：探秘小兴安岭

特色体验：以小兴安岭森林生态休闲为核心体验，串联由哈尔滨到绥化、伊春自驾廊道的森林、滨水等生态景区以及伊春森林自驾车露营地，结合沿线周边景区、中俄边境口岸及界江黑龙江秀美风光，体验一场生态休闲的“森呼吸”之旅。

自驾旅游品牌5：溯源乌苏里江

特色体验：沿哈牡高速和乌苏里江边境线，从哈尔滨到东极抚远，以镜泊湖、兴凯湖“双湖秘境”和中俄界江乌苏里江为核心，结合红色历史、民俗风情、农业观光，伴随着《乌苏里船歌》，体验跨越1300公里的中俄界江——乌苏里江追寻之旅。

自驾旅游品牌6：巡游三江平原湿地

特色体验：以黑龙江省三江平原地区湿地旅游资源为核心，结合界江界湖、历史文化和民俗风情等特色旅游资源，囊括湿地休闲、界江界湖观光、民俗体验、红色旅游、边境旅游等丰富内容，打造黑龙江三江平原地区特色风光之旅。

自驾旅游品牌7：寻迹百年中东铁路

沿着蜿蜒的铁路，探寻每一个具有历史意义的火车站；穿越森林、河流与湖畔，寻迹保留着原有建筑的百年小镇。

特色体验：沿着满洲里—哈尔滨—绥芬河1450公里中东铁路干线旧址的百年历史坐标，从齐齐哈尔昂昂溪出发一路向东到绥芬河，在一处处遗址遗迹中感受中东铁路的历史文化及百年前东北国际风云往事，沿途更串联起草原、湿地、城市、森林等丰富多彩的旅游资源，无论是自然风光还是人文历史，都拥有着无与伦比的独特魅力与纪念意义（见图4-13）。

图 4－13　寻迹百年中东铁路自驾旅游品牌形象

自驾旅游品牌 8：古驿路文化探寻之旅

特色体验：探山水秘境，寻驿路文化。从哈尔滨出发，沿着“黄金之路”探寻古驿路文化的魅力，一路向北追寻北极村“最北”的神秘。途经齐齐哈尔、联兴乡、南瓮河国家级自然保护区、呼玛、十八站、二十二站、北红村、北极村，最终抵达洛古河村，沿途不仅可以欣赏优美的自然风光，还可以参观历史厚重的博物馆，在古驿路探寻之旅中领略不一样的黑龙江历史文化之美。

自驾旅游品牌 9：追寻五花山色之旅

特色体验：秋季的黑龙江，天高云淡，层林尽染，满目皆是绵延缤纷的“五花山”景色。自驾穿越一片片林海，用车轮追寻五花山色，沉醉在一场场绚丽风光的视觉盛宴中，流连忘返。绚烂多彩的五花山色是秋季的黑龙江对自驾游客的最好馈赠。

自驾旅游品牌 10：北大仓欢乐丰收之旅

特色体验：以现代化大农场、农业科技园、农业度假区、乡村农家乐为主要游览点，参观现代化大农业的壮丽景观，欣赏大型农业机械秋收的震撼场景，感受新中国农机的发展历程，亲手采摘丰收的瓜果蔬菜，到农家院体验与众不同的田园生活。

4.3.3 主题旅游品牌

2019 年 8 月国务院办公厅发布的《关于进一步激发文化和旅游消费潜力的意见》指出，支持“主题旅游等业态发展”。这为黑龙江省坚定主题旅游品牌指引了发展方向。

主题旅游品牌的确定综合国家、行业以及黑龙江省旅游业等相关意见及发展规划，充分考虑黑龙江省旅游资源的独特性、优良性以及游客的需求。其中，涉及的相关政策和意见要求等国家、省级和主管部委的主要文件如下：

文件 1：国务院办公厅《关于促进全域旅游发展的指导意见》(2018 年 3 月)；

文件 2：国务院办公厅《关于进一步激发文化和旅游消费潜力的意见》(2019 年 8 月)；

文件 3：教育部等 11 部门《关于推进中小学生研学旅行的意见》(2016 年 11 月)；

文件 4：中共黑龙江省委黑龙江省人民政府《关于加快冰雪旅游产业发展的实施意见》(2016 年 12 月)；

文件 5：黑龙江省人民政府办公厅《关于进一步扩大旅游文化体育健康养老教育培训等领域消费的实施意见》(2017 年 7 月)；

文件 6：黑龙江省人民政府办公厅《关于促进旅游产品转型升级的意见》(2017 年 8 月)；

文件 7：《黑龙江省旅游业“十三五”发展规划》(2018 年 4 月)；

文件 8：中共黑龙江省委黑龙江省人民政府《关于发展全域旅游建设旅游强省的意见》(2018 年 9 月)；

文件 9：《关于进一步加快冬季旅游发展的指导意见》(2019 年 11 月)。

未来，除了坚定地做强传统优势的冰雪旅游和避暑旅游两大主题旅游品牌之外，还可以以这些文件为基础(以下涉及的相关文件，均简称为文件 N)，确定黑龙江省的其他主题旅游品牌。经过梳理，可以重点发展以下主题旅游品牌，形成 2＋X 的黑龙江主题旅游品牌的组合。

主题旅游1：冰雪旅游

冰雪旅游是黑龙江省旅游的金字招牌，具有极强的资源优势和产业优势，但现在却也面临着非常严峻的竞争压力，与黑龙江省存在着相近资源优势的吉林、辽宁、内蒙古和新疆等省份正在全力追赶，临近的重要客源市场如河北、河南和山西也在不断挖掘自身潜力开展冰雪旅游。因此，如何保持先发优势、扩大市场份额和优化冰雪产业是黑龙江省未来提升冰雪旅游品牌需要不断思考的问题。

文件4～9均从不同角度体现了黑龙江省对冰雪旅游的重视和龙头地位的强化。文件6明确提出了着力发挥“冰雪大世界、雪博会、亚布力、雪乡等品牌优势”，要“打造国际冰雪旅游重要目的地”和“建设冰雪经济强省”。文件7则从健全冬季旅游目的地体系、延伸冬季旅游产业链条和提升旅游市场营销能力水平等角度明确了进一步加快冬季旅游发展的工作方向。

主题旅游2：避暑旅游

避暑旅游也是黑龙江省的传统优势旅游产品，优良的生态资源禀赋和气候条件使黑龙江拥有发展避暑旅游的“金山”与“银山”，但与“冰天雪地”相比，“绿水青山”的旅游品牌影响力还略逊色一些。按照文件8中的意见，避暑旅游品牌在进一步发展中应该“以保护好原生态旅游资源为前提”，将“基础设施、公共设施和旅游产品、服务全面提升”放在重要的位置，加强精细营销，不断塑造避暑旅游目的地的品牌形象，提高认知度和美誉度。

主题旅游3：边境旅游

黑龙江与俄罗斯有3000余公里的边境线接壤，而界江为2300公里。可以说，黑龙江省是我国唯一一个拥有界江界河游以及跨境旅游这种主题旅游的省份，黑龙江省在这一主题旅游上具有极高的独特性和唯一性。随着我国与俄罗斯的交通方式不断优化，跨境旅游的旅游专列将会得到更多的认可。黑河—布拉戈维申斯克跨黑龙江（阿穆尔河）索道也预计于2022年建成，这将又一次极大地提升跨境旅游的发展水平。可以以绥芬河、黑河、东宁、抚远这4个边境出入境游客量大的口岸为开展边境旅游的核心目的地，以开发满足游客不同需求的界河游轮游、国门观光游及未来的索道跨境观光游等多种边境和跨境旅游产品，打造边境旅游品牌。

主题旅游4：现代农业观光旅游

文件2中提到了对黑龙江发展主题旅游具有较好的指导和启示的内容，如“积极发展休闲农业，大力发展乡村旅游，实施休闲农业和乡村旅游精品工程，培育一批美丽休闲乡村，推出一批休闲农业示范县和乡村旅游重点村”。这一内容非常适合黑龙江的现实旅游资源情况，作为北方的粮仓，在广袤而肥沃的三江平原和松嫩平原上，拥有着大量的农场和采摘园等，是开展农业观光主题旅游的绝佳目的地。文件6中指出，发展“旅游＋农业”“实现农业旅游的品牌化”。基于此，可以以哈尔滨、佳木斯、绥化3个休闲观光农业集聚区为核心，“发挥农业资源要素与旅游的叠加效应，大力发展观光农业和创意农业”。

主题旅游5：极地体验旅游（东极和北极）

黑龙江省的抚远市地处祖国陆地最东端，是最早将太阳迎进祖国怀抱的地方，被称为“东极”。黑龙江省漠河市黑龙江江水的中心线上，则是祖国的最北端，被称为“北极”。文件7中将这两极归入“华夏东极旅游带”和“神州北极旅游带”，可以说，这种以地理为主题的旅游资源只有黑龙江省拥有两个，且具有唯一性。将其连线并组合以少数民族风情、边境旅游和运动休闲等旅游产品，将是黑龙江省未来旅游发展的又一块“金字招牌”。

主题旅游6：研学旅游

为了让广大中小学生在研学旅行中感受祖国的大好河山，文件3中提出了推进中小学生研学旅行的意见和任务，黑龙江也推出了发展研学旅行工作实施的意见，这使研学旅行的发展具有非常广大的发展空间。文件6发展“旅游＋研学”的规划中指出，可以依托“丰富的自然和文化遗产资源”，开发以大森林、大冰雪、大界江、大农场和大油田等自然资源及红色旅游资源为主的一批主题研学旅游产品，并逐步使其品牌化向省外和境外进行推广。

主题旅游 7：森林旅游

文件 1 中指出“推动旅游与林业融合发展”，积极建设森林公园，发展“森林人家”“森林小镇”。2019 年 6 月，黑龙江省生态环境厅正式对外公布了《2018 黑龙江省生态环境状况公报》（以下简称《公报》），《公报》中显示，全省森林面积 2146 万公顷，居全国第 2 位。黑龙江省开展森林旅游具有明显的资源优势。黑龙江省也在发展森林旅游中不断地探索与创新，获得了一系列相关的称号。例如，在由国家林业和草原局主办的中国森林旅游节中，伊春市汤旺河县、大兴安岭百泉谷生态旅游风景区、桦南林业局等就获得了“全国森林旅游示范县”“中国森林氧吧”“最佳森林休闲体验地”称号。可以将这些森林旅游资源组合成不同的森林旅游产品，加大品牌宣传力度，推广森林旅游。

主题旅游 8：体育旅游

文件 6 中在提出拓展新业态产品时提到了发展体育旅游，黑龙江依托自然景观和生态条件，可以实现全季性的体育旅游。近年来，在历届的中国体育旅游博览会上，黑龙江省的多个项目获得了体育旅游精品项目，黑龙江省的亚布力滑雪旅游度假区获得了 3 次以上的中国体育旅游十佳精品项目单位，拥有一批具有市场号召力的体育旅游资源和项目，有实力构建体育旅游的主题旅游品牌。文件 5 中提到，“落实国家促进体育旅游融合发展的指导意见”“大力促进体育消费”。在体育旅游品牌开发与建设中，集中开发推广冰上运动、冰雪活动、山地户外运动、水上运动以及黑龙江马拉松系列赛事等，通过旅行社、业余社团和运动俱乐部设计并推广体育旅游。

主题旅游 9：工业旅游

文件 6 和文件 7 中均提到发展旅游＋工业，建议“引导工业企业开发特色体验旅游，延伸产业链”，积极创建“工业旅游产品体系”。大庆市和齐齐哈尔市是黑龙江省发展工业旅游的重要基础，以大庆市为例，作为共和国工业的“长子”，2016 年获批原国家旅游局的首批国家工业旅游创新单位。2017 年，大庆市和国内工业旅游城市及工业企业共同发起成立了中国工业旅游产业发展联合体，这既为大庆市的工业旅游带来了新的机遇和平台，也为黑龙江省旅游新产品的开发和工业旅游品牌的建设助力。

主题旅游 10：康养旅游

黑龙江省具有开展康养旅游的资源优势，文件 5 中提出了加快制定黑龙江省“医疗旅游先行区政策”，加大力度做好中医药健康旅游产业的宣传、推介和招商引资工作。2018 年 3 月，黑龙江中国北药园和黑龙江伊春桃山玉温泉森林康养基地获批第一批国家中医药健康旅游示范基地创建单位（原国家旅游局和国家中医药管理局联合发布），以此为基础，进一步提升黑宝药业熊乐园和黑龙江省中医药科学院的知名度，着力宣传黑龙江开展康养旅游的优势与差异，开发夏季旅居康养、中医康养、生态康养和避暑康养等旅游产品。

4.3.4 细分客群品牌

年龄方面，25～44 岁的中青年人群是黑龙江的主要客群，占比超过 60%（见图 4－14），产品打造及营销推广应重点迎合其消费需求，更年轻化、趣味化、品质化，同时强化独特的旅游体验。

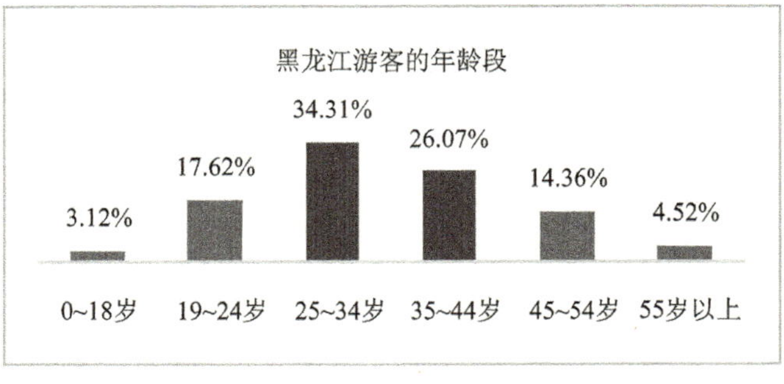

图 4－14　黑龙江省游客的年龄分布情况

婚育情况方面，全省游客中已婚人群占比超过八成，这其中，有未成年子女的家庭占比近七成（见图 4－15），具有很强的亲子游、研学游属性；亲子研学人群普遍具备很强的消费力，但对出行目的地要求较高，未来在整体形象塑造及产品打造时，应重点突出安全、整洁、休闲、高端等信息，表现出独特的文化内涵及彰显对孩子品格的塑造。

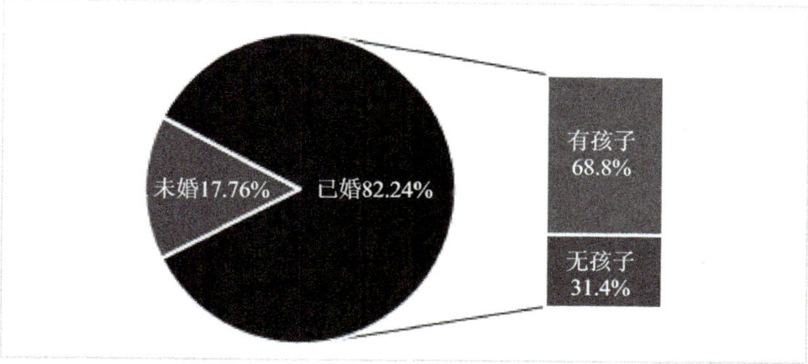

图 4－15　黑龙江省游客的家庭情况

同行成员方面，家庭成员是黑龙江游客最主要的出行伙伴，情侣/夫妻、父母及孩子是最主要的三个选项（见图 4－16）；未来应持续加强家庭游产品及亲子、研学游产品的打造和优化，并加大对亲子及研学客群的营销力度，促进其作出出行决策。

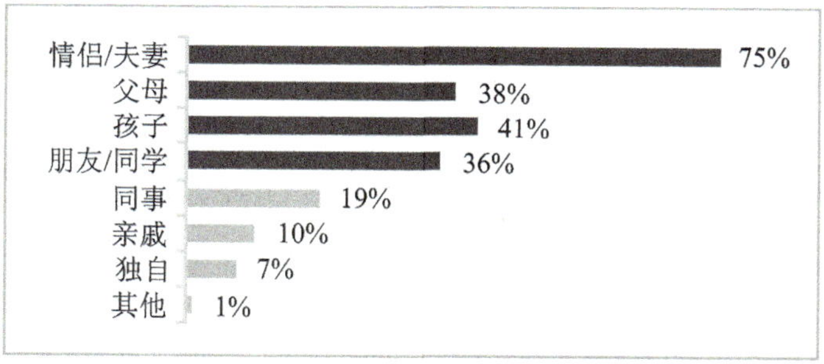

图 4－16　黑龙江省游客出游的同行人员

细分客群 1：家庭亲子客群

家庭亲子客群主要来自周边和经济发达地区，父母多为 70 后、80 后，孩子以 5～14 岁为主，出行方式多为自驾或落地自驾，最喜欢大森林、大湿地、大河流，有避暑需求，希望与孩子增进感情，享受亲子时光，接触自然，开阔眼界，观看野生动物，体验人文文化。

出游目的：想让孩子体验自然景观，看看小动物。主要想让孩子开阔一下眼界，放松身心，增进和孩子的感情。孩子对博物馆、科技馆及故宫那种人文性较强的项目比较感兴趣。

出游原因：假期想带孩子出来看看。孩子放假了，想带孩子来玩一玩，看看特色风景。这边比较凉快。其他都去过了，所以暑假选择来黑龙江玩，以前夏季没有来过。

出游喜好：一些与小动物相关的项目活动；一些人文的，比如图书馆，喜欢看书；自然风光，如树林河坡类；也挺喜欢游乐项目、拓展训练的，喜欢军事类型、抗战主题的户外拓展训练。

对黑龙江的偏好：比较想带孩子去看看那些大自然的景色；带孩子去体验一些自然的东西，像森林和冰雪，还有一些民族文化；孩子挺喜欢军事类型的，会带他看一看侵华日军第七三一部队遗址；森林里如果有那种真人 CS 的可以让他体验一下。

细分客群 2：研学客群

研学客群以 8～16 岁的孩子为主，父母比较年轻，在选择研学产品时起主导作用，安全、教育意义和兴趣是主要考虑因素，希望通过研学游让孩子增长见识、接触自然、获得知识和积极的行为引导。军事拓展、探险科技、艺术文化等主题夏/冬令营是首选，尝试全新的生活体验，并培养孩子的自理能力。

出游目的：能了解许多动物并与它们成为好朋友；让孩子在游戏和团队行动中收获友谊、提升自我；学习滑雪技巧，锻炼身体；学会团队协作，增强动手能力和自理能力，变得有责任感。

出游原因：去齐齐哈尔龙沙动植物园找朋友，看小动物表演，和小伙伴一起做游戏，亲手制作面包给小动物吃，做套娃，和达斡尔族小朋友们一起玩耍；到黑龙江玩雪、滑雪，体验不一样的冬季。

出游喜好：希望能玩有趣的，去没有去过的地方，有意思的，特别的；去过的地方，喜欢更自然的，小动物多的，可以玩游戏的；或者是科技馆那种有讲解的，能参与的；首先是以孩子的兴趣为主，其次是能对他们自身有所提高的。

对黑龙江的偏好：与野生动物、小动物相关的活动；博物馆、科技馆等展馆体验；喜欢军事类型、抗战主题的户外拓展训练；希望滑雪、滑冰、冰球等冬季户外运动；体验大自然，感受大自然。

细分客群 3：青年情侣客群

青年情侣客群以 80 后、90 后为主，多来自中远程的经济发达城市，以飞机、火车或自驾为主要交通方式，主要目的地为哈尔滨、牡丹江、漠河、抚远等地。他们是黑龙江旅游的最重要客群之一，具有超前的消费观念，喜欢旅游、休闲、娱乐、运动等。对极寒天气和冰雪童话世界有着深切的向往，喜欢赏雪、嬉雪、滑雪，注重生活品质。有的受访游客表示“黑龙江独特的冰雪资源是相爱的人一生得来一次的目的地”“自驾游是比较好的游玩方式，几个年轻朋友一起，是最好的回忆”。

细分客群 4：中老年客群

中老年客群主要是来自华北发达城市和周边的中老年人，以及来自上海等华东地区的知青，主要是为了放松身心或边疆怀旧，在夏季感受凉爽的天气和良好的生态环境，避暑康养是主要诉求。住在标准化的星级酒店，注重舒适度和安全，对餐饮不太在意，不满意卫生环境和出租车等公共服务。

基本特征：多为 50 后、60 后，也有少量的 70 后，大多来自北京和周边城市，主要是为了避暑和感受生态自然环境；身边有朋友推荐，住宿以标准化星级酒店为主。

出游偏好：自然环境比较好，天气凉爽，想在这边享受一下温泉和养肺之旅，主要是为了放松身心，体验一下东北的风土人情以及特色的自然景观，凉快就是一个很大的竞争优势，比很多城市温度都低。

出游感受：这边的出租车体验不好，管理不好。我们是同学聚会来这边，想找回当年知青生活的味道。饭菜味道不错，挺合胃口。

主题客群品牌的提炼仍旧遵从“人在景致中体验”的原则，通过将“客群”与“资源”相结合，得出“美好生活场景”的形式，并以此打造产品、提炼品牌，其目的是传导“黑龙江是一个适合体验的目的地”的核心内涵。

以家庭亲子客群、研学客群、中老年客群和青年情侣客群为重点客群，以客群体验加资源类型相结合的方式，梳理黑龙江旅游产品品牌，例如以“家庭亲子客群＋冰雪资源、城市休闲资源”打造“冰雪小勇士”主题产品，以“研学客群＋自然生态资源”打造“黑龙江自然学习”主题产品（见图 4－17）。

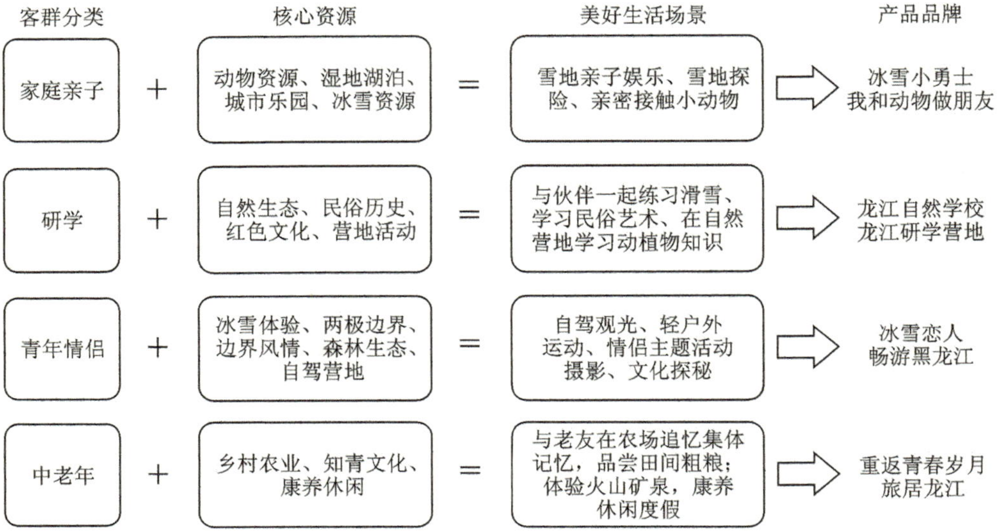

(a) 客群分类

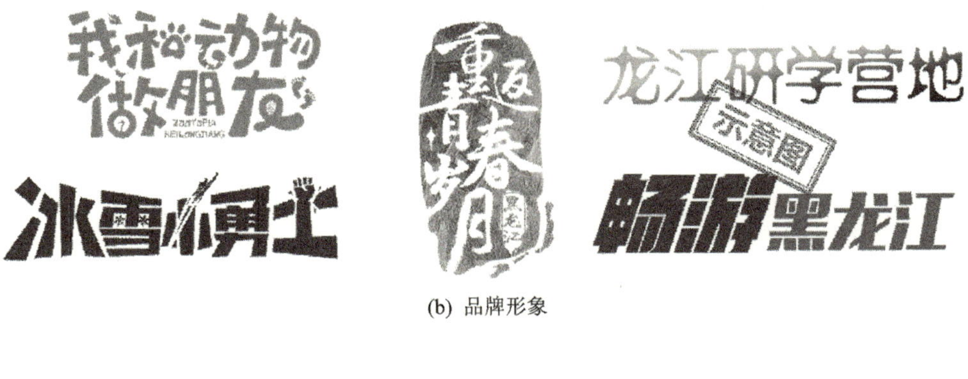

(b) 品牌形象

图 4－17　黑龙江省主题旅游客群分类及品牌形象

4.3.5　省内周末旅游品牌

京哈高铁、哈大高铁相继开通后，将黑龙江省与相邻省份紧密联系了起来，黑龙江也由此进入了高铁旅游时代；此后，省内哈齐、哈牡、哈佳高铁的相继开通运营（见图 4－18），近期铁力—伊春、佳木斯—鹤岗、哈尔滨—绥化—铁力的高铁建设，将构建黑龙江全网 1～2 小时旅游经济圈，让省内游客更方便相互“串门”。

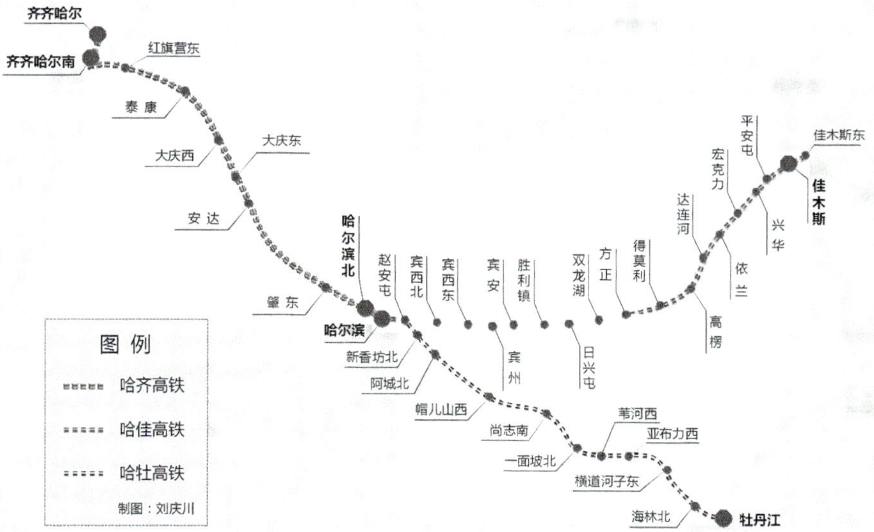

图 4－18　黑龙江省内主要高铁线路

此外，黑龙江省内的高速路以哈尔滨为中心起点，向各方向放射延伸，也使得内部的交通循环得以畅通。

良好的交通格局，使得黑龙江步入旅游的快车道。在游客出行偏好由“长时、低频、远程”向“短时、高频、近程”进行转变时，黑龙江旅游对周边及省内居民的吸引力也日益增强。

基于交通状况的持续改善和提升，越来越多的游客可以利用周末时间到黑龙江旅游。因此，应打造专属品牌“周末游龙江”，使其形成线路产品体系，以高铁游、自驾游为核心，主打1～3日的短期游产品，服务本地及周边游客（见图4－19）。

图4－19　黑龙江省内周末旅游品牌标识

以现有的高铁旅游产品为基础（见附录5），不断优化高铁旅游线路和相关产品，拓宽宣传渠道，优化高铁旅游接驳服务，使重要高铁站点成为旅游集散中心。

4.3.6　美食品牌

到异地寻求美好和愉悦的经历，以享受和体验美食为主题的具有社会和休闲等属性的旅游活动称为美食旅游。越来越多的游客会愿意为了美食而到一个目的地旅游。美食旅游是一种较为新颖的旅游形式，是以“美食”作为吸引物的享受过程。美食旅游可以是在旅游途中携带体积小、轻便、新颖的旅游小食品，也可以是享用到的风味大餐。

在游客对黑龙江感兴趣的旅游资源调研中（见图4－20），美食特产排名第四，而希望在黑龙江获得的体验价值中，超过80%的受访者表示希望在黑龙江品尝特色美食，期待值仅次于欣赏自然风光。由此可见，黑龙江特色美食对游客有较大的吸引力。

黑龙江的美食在游客心中具有量大实惠、好吃、有意思的鲜明印象，尤其是冬季的饮食场景和特色小吃，带给游客很鲜活的生活感受和愉悦的生活小乐趣。可通过开发黑龙江美食旅游产品，打造龙江美食品牌，满足游

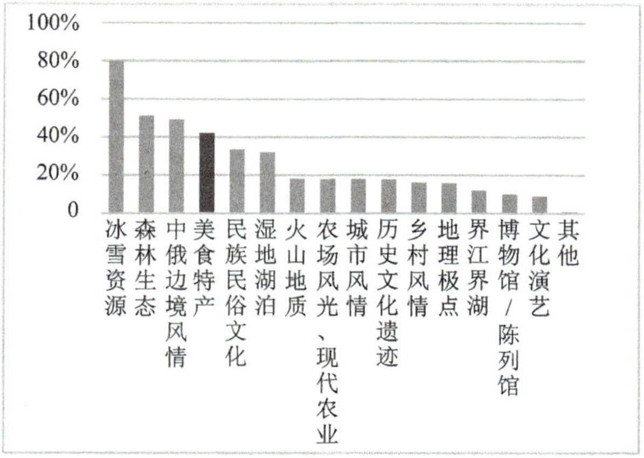

(a) 黑龙江您最感兴趣的旅游资源是什么

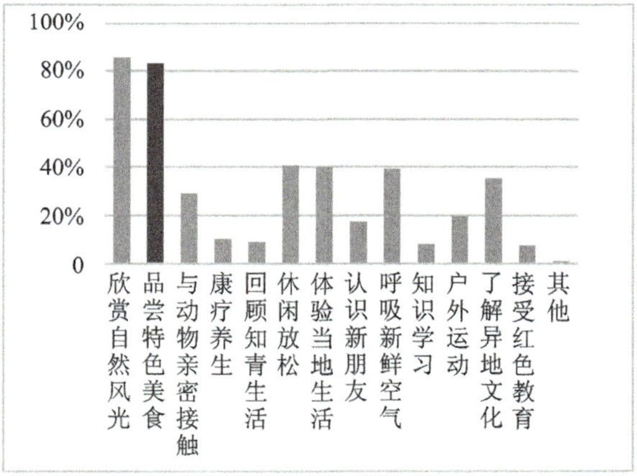

(b) 您希望在黑龙江获得哪些体验价值

图 4－20　游客对黑龙江资源和体验的倾向

客的旅游期待，提升旅游体验。受访者表示，“不知道为什么，在黑龙江吃饭觉得很香，路边随便哪个小店感觉都很好吃”，在冰天雪地里啃冰棍和糖葫芦，“是很独特的体验”。此外，“黑龙江冬天的饮食是最有特色的，冻梨、粘豆包、渍酸菜、铁锅炖、杀猪菜等，一听就知道是在东北，很鲜明的黑龙江饮食风格，立马就想到电视剧《东北一家人》那幽默愉快的生活”。

黑龙江有着独具特色的金源文化的积淀和满族饮食文化。并且黑龙江人多为山东移民的后代，齐鲁文化和鲁菜也就被带到了黑龙江。随着中东铁路的修建，俄式饮食文化的传入，对黑龙江地区传统饮食模式也随之产生了巨大的影响。满族饮食文化、齐鲁饮食文化、俄式饮食文化的交汇融合，逐步形成了独具特色的黑龙江饮食文化，即“龙江味道”。龙江味道“朴实中透出秀气，粗犷中蕴含着精华”，是对黑龙江风味特色的高度概括。

从地域上来看，黑龙江不同城市的饮食也是各具特色，如哈尔滨的中餐与俄式西餐完美融合，具有浪漫多元的饮食风格；牡丹江的朝鲜族美食，伊春的杀猪菜、铁锅炖等满族饮食风格浓郁；齐齐哈尔的烤肉，大庆的坑烤，伊春的坑烧等城市烧烤风格突出；五大连池的矿泉美食，镜泊湖、兴凯湖的鱼宴、伊春的养生宴等依托山水资源形成了地方美食特色；大、小兴安岭盛产山珍野菜，是黑龙江美食的一大名片；绥化的榆林筋饼、鲜食玉米等美食久负盛名；以北大荒粮食基地为代表的东北大米系列深入人心。其中以下饮食风味是黑龙江省比较有特色的：

满族饮食风味：以炖菜为其特色，如小鸡炖蘑菇、排骨炖豆角、得莫利炖鱼等知名菜。

齐鲁饮食风味：如黑龙江知名的锅包肉、酥白肉、溜肉段、地三鲜等菜品，来源于齐鲁饮食风味又有改良创新。

俄式饮食风味：哈尔滨中餐与俄式西餐完美融合，大列巴、格瓦斯、马迭尔、红肠、中央大街俄式酒吧等是哈尔滨美食游不可或缺的组成部分。

山珍美食：黑龙江大、小兴安岭是山珍的宝库，木耳、蘑菇、松茸、山核桃、人参、灵芝、蜂蜜等是纯天然绿色食品，也是黑龙江旅游伴手礼的主要内容。

地方风味：镜泊湖全鱼宴、抚远鱼宴、兴凯湖百鱼宴、五大连池豆腐宴、赫哲十大碗等是各地方特色风味，齐齐哈尔烤肉、大庆坑烤等为黑龙江美食增添了特色。

龙菜包括黑龙江省地方风味菜品或在黑龙江地区落地生根改良的菜，是指利用黑龙江省特产的原料或副料或调料或特有的烹饪工艺加工制作的，是体现黑龙江地方特色风味的菜系。

依托黑龙江绿色生态资源和寒地黑土农粮基地的农业资源优势，深度开发养生、健康美食系列，大力发展龙江特色餐饮，以绿色养生健康为特点，以“城市休闲＋健康养生＋民俗体验”为方式，形成“龙江味道”美食旅游品牌。

以龙菜大师、龙菜老字号、龙菜名小吃、龙菜手信等品牌元素支撑“龙江味道”，通过举办“烹饪大赛”“美食寻访”“餐饮系列品牌认定”“龙江味道美食文化节”等活动，塑造黑龙江美食产品品牌，形成“名菜、名店、名点、名厨”的美食旅游品牌（见图 4－21）。

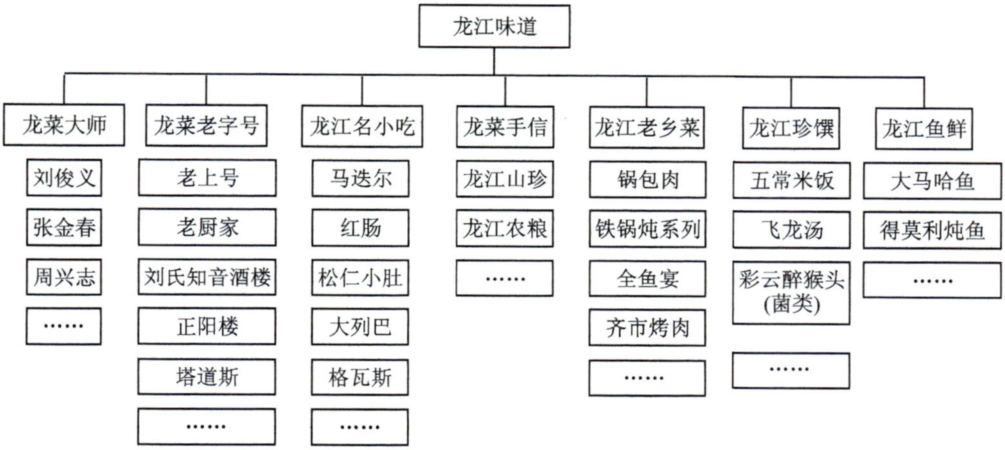

图 4－21　黑龙江美食品牌体系

4.3.7　商品品牌

游客在黑龙江的消费中，除大交通、住宿、门票和餐饮开销外，纪念品特产和商场购物也值得关注（见图 4－22）。据《中国国内旅游发展年度报告 2018》显示，国内旅游消费主要集中在交通、餐饮、住宿及购物四个方面，说明游客群体对旅游购物存在巨大的需求潜力。建议黑龙江基于文旅融合打造更多具有独特文化属性的文创商品和纪念品，并打造官方旅游商品购物点，深挖游客消费需求，提升整体文旅收入。

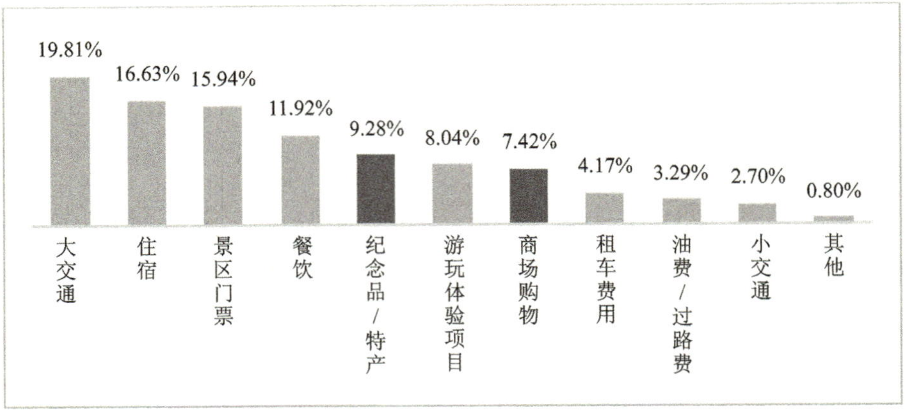

图 4-22　游客在黑龙江旅游时的主要消费项目

2019 年黑龙江省文化和旅游厅工作会议上明确指出，要继续推进文创产品开发，有机整合全省文创设计大赛与旅游商品创意设计大赛，推出更多与现代消费需求有效对接的优秀的文创产品和旅游商品，真正让文化创意热起来、让文旅资源活起来、让文创产业强起来。

充分融合黑龙江自然生态、文化民俗等特色资源，在传统商品的基础上创新创意，打造具有黑龙江特色的旅游商品品牌。可面向社会开展【龙江好礼·最美礼物】旅游商品设计大赛，评选符合黑龙江旅游文化特色的创意设计作品，颁发“匠心黑龙江创意设计”奖，鼓励社会公众关注黑龙江文化旅游，参与营销活动，推广黑龙江。

以“龙江好礼”为旅游商品统一品牌，将以俄式风情为代表的商品、非物质文化遗产及衍生品、酒类饮品、山珍土特产品和现代新颖的主题文创商品五大商品品类，分别对相应的商品进行包装，实现旅游商品的品牌形象升级。

龙江好礼 1：龙江传承（手工艺品类）

龙江传承类商品包括：根雕工艺品、玛瑙雕、渤海靺鞨绣、鄂伦春兽皮制作技艺、海伦剪纸/方正剪纸、桦树皮镶嵌画、鱼皮镂刻粘贴画、望奎皮影戏、青牛葫芦……

龙江好礼 2：醉美龙江(酒类)

醉美龙江类商品包括：哈尔滨啤酒、东宁冰酒、高贤老酒、大庆老窖、鹤岗龙江酒……

龙江好礼 3：龙江馈赠(名贵食药材类)

龙江馈赠类商品包括：东北三宝(人参、貂皮、鹿茸)、虎林黑蜂蜂蜜、玉皇蘑、松茸、猴头菇、三花五罗鱼、五大连池矿泉水、野生药材(灵芝、龙胆草、松子、花山椒等)……

龙江好礼 4：北大仓有机(粮油谷物类)

北大仓有机类商品包括：东北有机大米、克山马铃薯、穆棱大豆、桦川大米、黑垦红小豆、响水大米、同江玉米……

龙江好礼 5：龙江风物(礼品、特产类)

龙江风物类商品包括：哈尔滨红肠、俄罗斯套娃、大列巴、格瓦斯、马迭尔冰棍……

龙江好礼 6：龙江文创(创意商品/旅行纪念品类)

龙江文创类商品包括：文创玩偶、挂件、手机壳、旅行箱、马克杯、冰箱贴……

4.3.8　住宿品牌

民宿/客栈等特色住宿成为游客的主要选择之一，潜在受访者对民宿/客栈的偏好率达到 45%，但实际入住率有所下降(见图 4－23)，且有游客反馈民宿的品质较低或数量不足，影响了住宿决策。

在提升旅游住宿品质和服务的基础上，黑龙江正在由标准型住宿为主向新型住宿业态稳步拓展，如结合乡村、森林、自驾等要素打造了乡村民宿、森林民宿、自驾营地等多种住宿业态，但尚未形成规模化和品牌化发展，影响力不足。

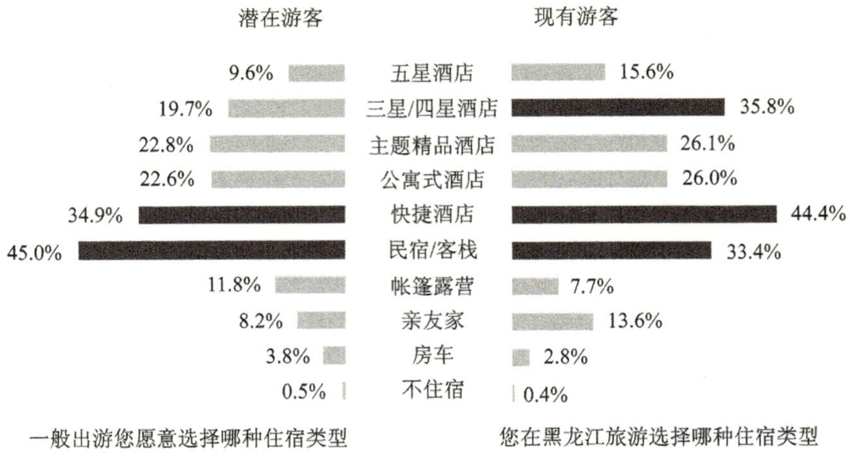

图 4-23　游客对黑龙江住宿的选择

可通过政策鼓励引导特色住宿产业的发展，尤其是对主题精品民宿、帐篷露营、房车基地等特色住宿产业加大政策扶持，加大产品供给，推进度假型、主题型精品酒店建设，推进“森林之家”“快乐农场”等特色民宿的建设，以及高速公路、高等级公路沿线汽车旅馆的建设，构建新型的住宿业态，为游客提供更多选择。以这些发展理念和思路为基础，推出黑龙江省旅游品牌的住宿品牌：“乐居龙江”和“龙江宿集”。

住宿品牌 1：乐居龙江

打造“乐居龙江”旅游住宿品牌，并实施“品质住宿工程”和“业态创新工程”，相建黑龙江住宿品牌建设体系（见图 4-24），对酒店住宿的硬件设施、服务标准和经验管理进行规范和监督评价，同时提倡创新个性服务，彰显酒店个性，形成差异化竞争优势。在业态创新上，可从住宿场景、住宿档次、住宿体验等方面为游客营造“旅居龙江，享受美好生活”的旅游体验。结合黑龙江省的旅游资源特性，在森林、湖域、乡村等不同场景打造特色住宿，丰富住宿档次，涵盖度假型、奢华型、舒适型等不同等级，满足不同人群需求，同时创新住宿体验，开发房车、帐篷营地、气泡酒店等特色住宿类型，激发游客的好奇心，满足游客的探索欲。

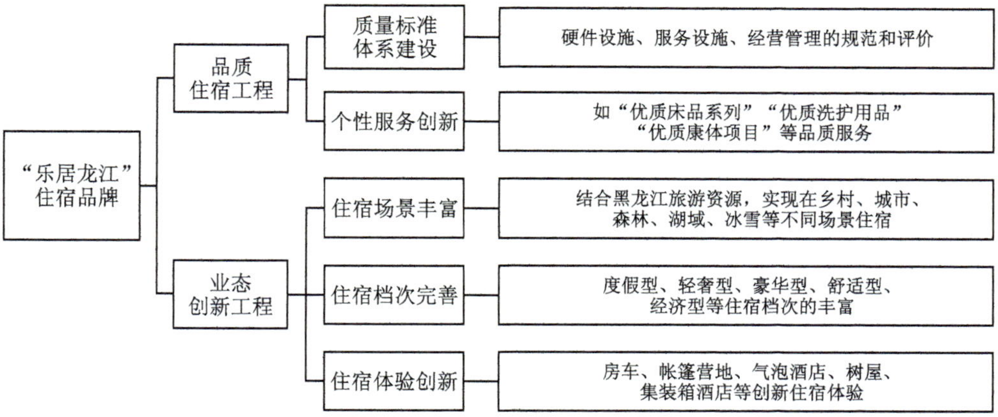

图 4－24　黑龙江住宿品牌建设体系建议

住宿品牌 2：龙江宿集

特色民宿是旅游发展的重要内容和新热点，是推进全域旅游发展的重要抓手，是助力实施乡村振兴战略的重要渠道，也是促进文化和旅游消费的重要途径。2018 年 10 月，时任文化和旅游部党组书记、部长雒树刚在《丰富民宿供给 深化全域旅游》的讲话中指出，乡村民宿方兴未艾，大有可为；全域旅游如火如荼，大有作为。雒树刚提出，要充分认识发展乡村民宿的重要意义；要牢牢把握乡村民宿发展的正确方向；切实抓好乡村民宿发展的重点工作，强化“规划先行”意识。

打造“龙江宿集”品牌，成立“龙江民宿联盟”，由政府出台扶持政策及奖惩机制。集聚省内各民宿商家，制定统一标准，施行统一授星，颁发统一标牌，实现统一推广。

4.3.9　节庆品牌

在文化产业和旅游产业交融的背景下，节庆旅游的带动作用备受关注，不仅推动了区域文化传承和文化氛围的营造，带动了当地建设发展，也是举办地乃至国家发展旅游业、发展经济不可忽视的重要环节。

黑龙江的旅游节庆活动呈现出发展不均衡的情况(见附录3)。哈尔滨旅游节庆活动数量最多,内容比较丰富,持续时间长,体系完善,涵盖了春、夏、秋、冬四季旅游节庆,其中冬、夏两季节庆知名度高、规模大、影响广泛。尤其是夏季“迷人的哈尔滨之夏”旅游文化节,作为综合型节庆活动,包含了音乐会、啤酒节、赏秋节等多个不同主题的节庆。冬季冰雪节作为世界四大冰雪节之一,吸引了世界各地的游客。

齐齐哈尔、大庆、伊春、佳木斯虽均有自己的旅游节庆活动,但仍显单一,以赏花、冰雪、体育等为主题的活动较多,影响力不够、吸引力相对较小。其中齐齐哈尔观鹤节、三江国际旅游节创办较早,影响力较大。此外,镜泊湖冬捕节、漠河北极光节、开江节、五大连池圣水节、林海雪原旅游文化节也是知名度相对较高的节庆活动。

而其他各地市旅游节庆活动规模则较小,延续时间较短,多为地方性小节庆,营销力不足,赏花休闲依然是主色调。

节庆是重要的营销推广方式,也是内容创新的契机,建议未来在资源营销的同时,加强体验性节庆活动的营销力度,进一步聚拢旅游的人气,创新游客体验内容,带动文化旅游产业融合发展。

黑龙江四季旅游资源丰富多样,其中冬夏两季资源丰富度高、景观差异性大,无论是游玩方式、玩法的多样性还是游客偏好均优势突出,并且黑龙江知名度较高、发展较好的节庆活动也多集中在冬、夏两季。因此,可依托黑龙江夏季生态资源、城市休闲资源和冬季冰雪资源、民俗资源等,打造两大省级主题节庆活动:“龙江消夏季”和“龙江乐雪节”。

两大省级节庆活动可以黑龙江省厅主办、各地市承办的方式,统一包装营销推广,各地市结合本地资源打造配套的特色主题活动项目。节庆举办地为每年一个主场,两个分场,三个城市共同推动,同时其他地市做配套活动。通过评选或轮转由各地市轮流做节庆主场,带动全省各地文旅相关项目业态参与,提供折扣优惠,策划创意活动。

节庆品牌 1：龙江消夏季

作为黑龙江省夏季旅游节庆活动的统领品牌（见图 4－25），除了以省厅为主举办一些活动外，还可整合黑龙江各地市零散的夏季旅游节庆活动，统一进行包装，营造出夏季全省节庆大狂欢的氛围，并主推夜游玩乐项目，延长游客停留时间，增加体验内容，促进夜游经济增长。

图 4－25　龙江消夏季品牌示意图

时间：每年 6—9 月，持续 4 个月。

涵盖节庆：迷人的哈尔滨之夏、齐齐哈尔观鹤节、大庆湿地旅游文化节、佳木斯三江国际旅游节、夏至极光节等。

面向客群：家庭亲子客群、大学生客群、儿童研学客群、生态康养客群、青年客群、户外运动客群、自驾客群等。

主要活动包括：

【音乐主题】乐享夏夜：以音乐为主要要素，打造各种体验活动，如流行音乐节邀请明星参加，吸引游客前往黑龙江。举办古典音乐会，展现黑龙江的艺术底蕴。举办街头音乐表演，让游客在街头体验全城音乐的氛围。

【美食主题】舌尖龙江：以中俄夜市、美食街区、厨艺大赛等节目形式，展现黑龙江的当地特色美食小吃和俄罗斯风味美食。尤其是在夏夜，可以哈尔滨啤酒为品牌特色，举办啤酒节，嗨翻一夏。

【民俗主题】龙江乡情：结合各地民俗文化节，如圣水节、观鹤节、萨满祭祀等，展现民俗文化，辅以创意市集、服装节等，增加游客的体验感。

【运动主题】运动一夏：结合山地、湖泊资源，开展各类运动赛事，如自行车赛、马拉松等，配合漂流、攀岩等运动娱乐活动。

【趣味主题】水上嘉年华：趣味水上活动、泳装秀、泳装美女评选等。

节庆品牌2：龙江乐雪节

可以省厅为主举办“冰天雪地过大年”主题活动，并整合冬季各地市节庆活动，统一进行营销推广，主打冰雪娱乐、冰雪运动、冰雪民俗、冰雪艺术等主题活动，提升冰雪欢乐游体验感。龙江乐雪节主打运动、民俗、美食、艺术等主题，结合冰雪资源，让游客能充分体验黑龙江的民俗文化、冬季特色美食，休闲度假和进行艺术欣赏（见图4－26）。

图4－26　龙江乐雪节品牌示意图

时间：每年11月—次年2月，持续4个月。

涵盖节庆：哈尔滨国际冰雪节、国际滑雪节、太阳岛雪博会、大庆雪地温泉节、中国伊春森林冰雪欢乐季、国际汽车越野赛、七台河冰雪嘉年华、漠河国际冰雪汽车越野赛、加格达奇国际冬泳邀请赛等。

面向客群：冰雪娱乐体验客群、家庭亲子客群、儿童研学客群、冰雪户外运动客群、年轻情侣客群等。

主要活动包括：

【运动主题】极致冰雪：围绕冰雪休闲运动和冰雪专业赛事展现黑龙江的极致冰雪体验游，通过运动主题让游客在冰雪欢乐季中玩起来，形成赏雪、玩雪、乐雪的冰雪产品体系，结合雪地温泉体验，让游客放松身心，享龙江魅力。

【民俗主题】龙江猫冬：黑龙江的冬季有独特的民俗活动，如冬捕、冬钓、滚冰节等，让游客在“冰天雪地过大年”的氛围中体验黑龙江的民俗风情。

【美食主题】冰火盛宴：数九寒天吃冰棍、热气腾腾的杀猪菜都体现了黑龙江独特的冬季美食特色。通过吃冰棍挑战等活动，吸引游客参与。

【艺术主题】冰雪梦境：雪博会、冰灯节、梦幻冰雪摄影大赛等让冰雪艺术极致展现。

【趣味主题】街头雪战：在步行街区举行街头雪球大战，引爆冬季狂欢。

本章小结

黑龙江旅游品牌支撑体系遵循三大核心，即全面呈现重点资源、全面描绘美好生活和全面凸显体验特性。其营销内容的视听呈现（包括海报设计、宣传片、广告片、图文攻略等）有一条基本原则，那就是“美好环境中的独特体验”，即“游客，在美好的风光中，体验别样的生活”。人、风景和玩法，是呈现内容中需要共同出现的核心元素。

在“北国好风光 · 尽在黑龙江”总体品牌的统领之下，基于“在美好风光中享受美好生活”的品牌愿景，黑龙江旅游品牌体系整体规划见图 4 - 27。

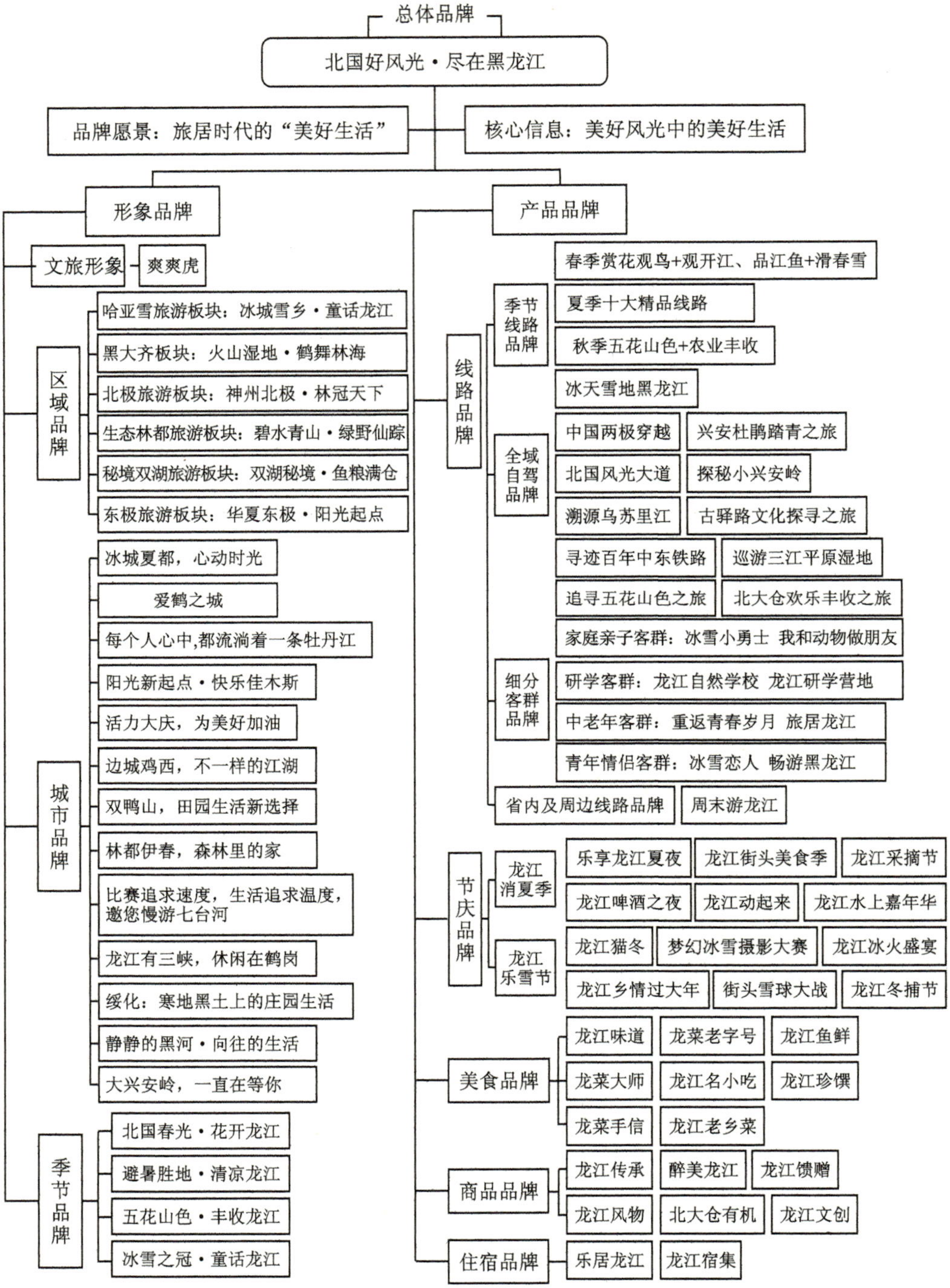

图 4-27　黑龙江省旅游品牌体系整体规划

以“北国好风光·尽在黑龙江”为总品牌统领，通过构建形象品牌和产品品牌两大子品牌系统，形成完备的品牌体系，强化游客对黑龙江旅游的认知和偏好，实现“旅居时代的美好生活”的品牌愿景。

依据旅游品牌体系“同主旨、同调性、同风格、同内涵”的建设原则，对黑龙江总体旅游品牌和核心子品牌进行全面解析和梳理。

第 5 章　黑龙江省旅游 IP 打造及提升对策

5.1　旅游 IP 的内涵

IP 的英文为 Intellectual Property，即知识产权，是指权利人对其所创作的成果所享有的财产权利。在文学、影视、艺术和设计等领域，IP 一直是代表其原创能力、创新能力、核心竞争力和发展潜力的重要智力成果资源和财产资源。随着旅游行业不断提升自身的个性化、品牌化和加强与文学、影视和艺术等的深度融合，IP 也受到了旅游行业的推崇，甚至有了“得 IP 者得天下”的说法，出现了众多的“旅游＋IP”产业新形态。旅游 IP，是指具有一定的开发潜力和市场基础，可以转化为具有经济价值的知识产权，在旅游活动中，可以被运用到旅游渠道、旅游服务以及旅游产品中。对于旅游目的地来说，IP 就是具有旅游目的地特色形象认知的元素与符号。

旅游与 IP 具有天然的适应性，而旅游目的地 IP 一定要依附于区域的独特文化内核。旅游 IP 最早的应用是迪士尼乐园，其 IP 的精神内核实质是美国的冒险精神与个性彰显，这些特质最终通过一系列体验性的旅游产品呈现给了游客。

与传统的旅游品牌概念相比，旅游 IP 更加强调游客对于旅游目的地个性与特色的深刻感知与认同。例如，一提到云南大理，人们脑海中就会浮现出在安静的湖边上，一只懒洋洋的猫趴在一家文艺范儿十足的客栈门口。而提到哈尔滨，人们脑海中则会勾勒出中央大街的面包石街道上，在寒风中手持马迭尔冰棍欣赏俄式建筑的人们。当这种主观感受与意象被越来越多的人接纳时，这种形象与认知就成为旅游目的地独有的认知符号。

5.2 省级IP形象定位

当下，动物主题游已经成为热门旅游主题，尤其是亲子游中，动物类主题游排名第四，仅居于游乐场、自然风光和人文游之后，亲子家庭、女性游客和年轻人是动物主题游的主要客群。

越来越多的人因为想要看袋鼠、树袋熊(考拉)、鸭嘴兽而选择去澳大利亚，去南极看企鹅，自《疯狂动物城》里的树懒风靡全球后去南美洲看树懒也成为当前的热门之旅。游客外出旅游已不限于看异域的建筑、古迹，体会不同的风土人文，更多升级为追求精神上的洗礼和慰藉，动物主题游俨然已成为热门的心灵之旅。

尤其是在亲子游中，萌萌的动物主题游正在成为亲子游的主流。美团旅行《中国全域旅游消费趋势报告(2017)》显示，国内游客消费结构中，游乐场、自然风光游、人文游、动物主题亲子游、温泉养生游位列前五，其中，动物主题亲子游占比为13.9%。

驴妈妈旅游网发布的《2017动物主题游报告》显示，在喜爱动物主题游的人群中，家庭亲子游客占比为65%，其次是年轻游客。亲子家庭游客喜欢驯良温顺、注重互动的动物乐园，结伴的年轻游客则更追求刺激，喜欢和大型野兽近距离亲密接触。

东北虎、丹顶鹤、狍子被认为是黑龙江的代表性动物，其中近90%受访者都提名了东北虎(见图5-1)，说明黑龙江与东北虎之间有紧密的印象关联。以黑龙江独有的珍稀动物代表东北虎为原型设计创造的黑龙江旅游吉祥物，符合游客对黑龙江的认知和期待。

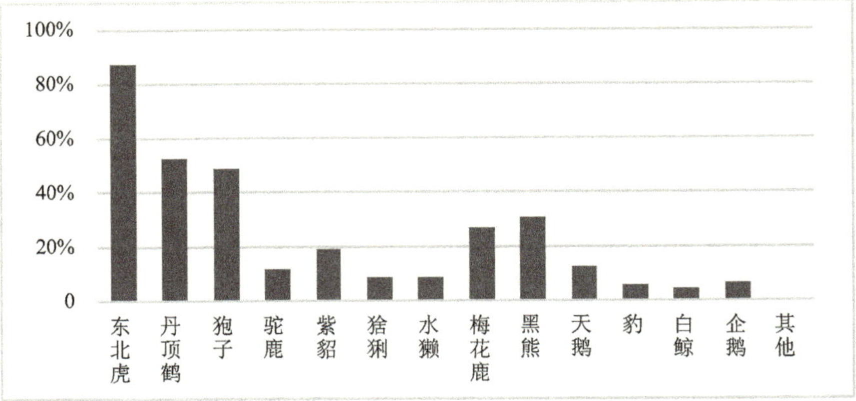

图 5-1　受访者对黑龙江代表性动物的认知

黑龙江有“两爽”——夏季“凉爽宜人”，是天然的大氧房；冬季“冰爽诱人”，是赏冰玩雪的乐园，也是实实在在的“爽爽”。取自于东北虎原型的黑龙江省旅游吉祥物取名为“爽爽虎”。这一名字涵盖了冬夏“两爽”的资源特征，是对黑龙江旅游的高度概括和代表。

“爽爽虎”的设计风格既满足了游客对黑龙江的印象与期待，也融合了黑龙江冬夏的资源特征。虎身上的花纹取源于最具黑龙江特色的树种红松，代表黑龙江拥有丰富的、珍贵的物种，凸显了黑龙江得天独厚的生态环境。“爽爽虎”的耳朵设计灵感出自雪花形状，代表黑龙江冬季的冰雪资源；此外将“雪花”的设计位置放置在虎头上，代表黑龙江冰雪之冠的地位。其设计风格和特征契合黑龙江旅游资源特色（见图 5-2）。

与对黑龙江目的地性格认知相似，游客认为黑龙江的吉祥物应该“虎头虎脑”，体现东北人的性格实在，“像黑龙江人一样是热情的、豪爽的、友好的”，同时具有冒险精神、大胆、虎虎生风的特质（见图 5-3）。

通过创意事件策划，为“爽爽虎”构建具象的社会身份和生活场景（例如设计表情包），从而在生活事件中体现“爽爽虎”幽默、热情、豪爽、呆萌的性格（见图 5-4），同时在事件策划中巧妙地展示黑龙江的旅游特色。

通过对黑龙江省旅游市场的个性的分析，综合问卷调研的结果，可以将黑龙江旅游吉祥物“爽爽虎”作为省级旅游 IP 进行打造。

图5-2　“爽爽虎”3D造型设计示意图

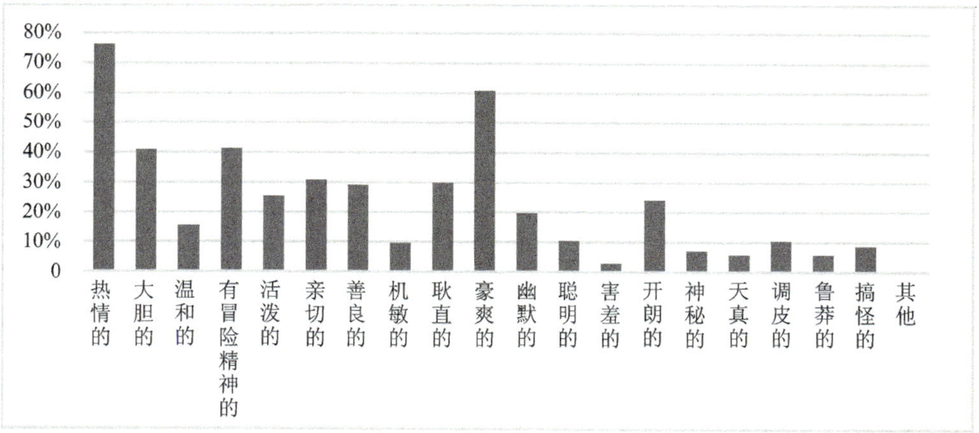

图5-3　受访者对黑龙江省旅游吉祥物性格的期待

鉴于这一旅游吉祥物较好的认知基础，可以参考“熊猫”这一旅游IP的打造思路，从点、线和面全方位进行塑造，将“爽爽虎”打造成一个拥有独特品牌价值的黑龙江省级旅游IP。

游客对具有民族特色、有纪念价值、实用美观的旅游纪念品更感兴趣，玩偶、帽子、挂坠、钥匙链、T恤、冰箱贴等兼具实用性和装饰性的精美小礼品更受受访者的青睐（见图5-5）。

图 5－4 “爽爽虎”表情包(部分示意图)

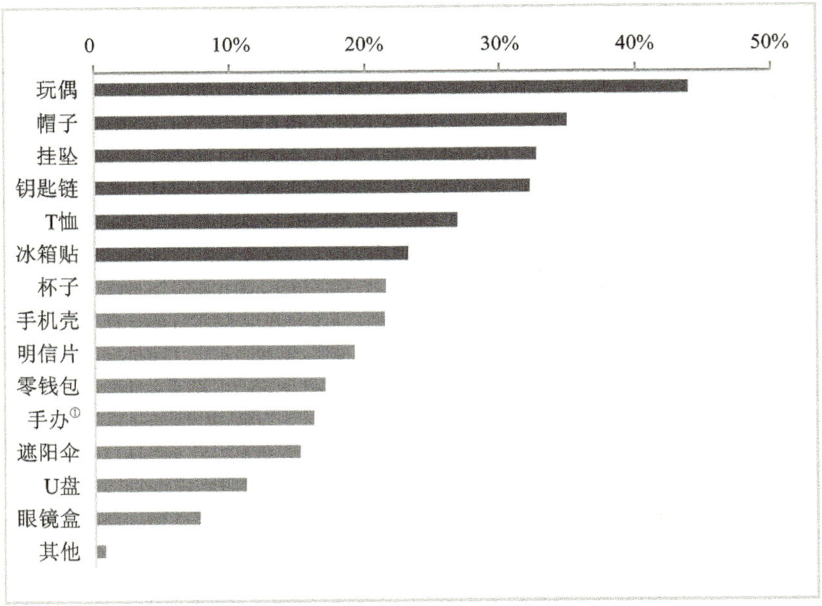

图 5－5 受访者对黑龙江省旅游吉祥物产品开发的建议

“爽爽虎”作为黑龙江旅游吉祥物，其憨态可掬、形象生动，适用于各种周边产品的设计和推广，可开发公仔玩偶、文具用品、时尚配饰、创意家居等，从旅游纪念向生活方式延伸，逐步深入娱乐生活。同时还可以与各品

① 手办特指未涂装的树脂模件，是收藏模型的一种，需要玩家自己动手完成打磨、拼装、上色等一系列复杂的工艺，而且难度远大于一般的模型制作。

牌跨界合作，推出多种集设计与品质于一身的产品，将“爽爽虎”打造成一个拥有独特品牌价值的旅游 IP。

经过数年的推广，憨态可掬的“爽爽虎”形象已深入人心，其形象衍生品，包括玩偶、U 盘、冰箱贴、行李牌、表情包等也深受游客的喜爱，建立了广泛而深厚的受众基础(见图 5-6)。

图 5-6　“爽爽虎”部分应用设计示例

5.3 省级形象IP开发计划

随着互联网化发展对大众生活的影响不断深入，以及85后、90后等“网生代”群体成为消费主力军，黑龙江急需构建互联网语言与年轻人进行交流。文创IP能够与年轻群体产生共鸣，打开与年轻群体沟通的渠道；优秀的内容创作，能推动黑龙江旅游与游客互动，有助于加深游客对黑龙江旅游的新认知，提升文旅经济附加值；持续的营销宣传，能与游客搭建情感沟通的桥梁，真正讲好黑龙江文旅故事，提升整体对外形象。

5.3.1 “爽爽虎”文创IP营销

“爽爽虎”是黑龙江旅游吉祥物，随着这一颇具代表性的IP形象不断深入人心，未来可以进一步打造这一文创IP，使其成为黑龙江省旅游品牌体系中重要的一个组成部分。

1. IP形象升级设计

“爽爽虎”形象虎头虎脑，调皮可爱，充分展现出黑龙江人热情爽快的性格特征。建议结合当下动漫形象国际化流行趋势及二次元文化，对“爽爽虎”形象进行升级设计，对其性格特征、职业爱好、生活与朋友等内容进行全面定义，使其真正融入到年轻人的生活中。

2. IP形象内容创作

主题表情包设计。针对当下热门话题及节庆活动等内容定期推出主题表情包，还可以根据“爽爽虎”的职业及爱好等内容设计主题表情包，持续在社交媒体平台更新，增加粉丝粘性。

衍生文创商品开发。开发“爽爽虎”的衍生文创商品，研发创新性的旅游纪念品（如主题盲盒①、手办模型、玩具、文具、拼图、创意特产套装等）。

---

① 盲盒是指动漫、影视作品或者设计师单独设计出来的盒装玩偶。盒子上没有标注，只有打开后才会知道自己抽到了什么，不确定的刺激会加强重复决策，因此会让人反复购买。

“爽爽虎”节气海报设计。将“爽爽虎”与黑龙江文化旅游资源结合，围绕24节气设计系列创意海报，将黑龙江的形象年轻化地展现在大众眼前。

“爽爽虎”网红打卡点设置。在中央大街、高铁站机场等客流量密集的地方建设“爽爽虎”互动雕塑，将其打造成网红打卡点，吸引游客主动与“爽爽虎”互动拍照，并在自媒体平台进行分享宣传，提升黑龙江旅游品牌的年轻化形象。

“爽爽虎”连载漫画出版。以漫画的形式打造“爽爽虎”的日常主题漫画，每周更新一期，让全民了解“爽爽虎”的动态以及生活趣事。

“爽爽虎”出游记短视频制作。梳理黑龙江的知名景点及特色节庆活动、非遗文化等内容，策划“爽爽虎”出游系列活动，通过直播形式，“爽爽虎”以主播第一视角来展示探访各大网红打卡点的趣事，并形成短视频游记，与省内外新媒体矩阵合作，持续推广。

3. IP形象互联网推广

“‘爽爽虎’唱RAP”音乐创作计划。“爽爽虎”变身RAP小天王，联合音乐平台（如网易云音乐、QQ音乐等）发起“萌王唱RAP”音乐创作计划。号召全国各地城市吉祥物IP为自己的城市代言，邀请音乐创作人创作以“旅游心体验”为主题的RAP歌曲。同时结合黑龙江知名景点，为优质歌曲配以舞蹈，在短视频平台（如抖音、快手等）进行播放，展现新时代下黑龙江的青春与活力。

“爽爽虎”跨界营销。推动“爽爽虎”形象与国潮品牌进行跨界合作，开发联名羽绒服、护肤品套装等，将黑龙江特色文化演变成日常生活用品，带进大众的生活。同时还可以推动“爽爽虎”与哈尔滨啤酒、马迭尔冰棍等本土品牌的跨界合作，展现黑龙江的文化魅力。

“黑龙江IP家族”互联网营销。除了“爽爽虎”之外，齐齐哈尔、黑河等地也陆续推出旅游吉祥物，亚布力、极地馆、太阳岛等景区也在开发吉祥物形象，可以将黑龙江省内所有的吉祥物形象聚集，打造“黑龙江IP家族”矩阵，成员定期召开“旅游营销会议”，由“爽爽虎”当会长，会上发布黑龙江近期重点营销活动，并通过选举产生轮值营销大使。轮值营销大使将为一段时间内黑龙江的文旅营销活动站台，通过互联网运营及传播，展现黑龙江各城市的活力。同时，还可以围绕 IP 家族成员策划宣传脚本，通过持续的内容创作，提高年轻人对 IP 家族的关注，提升对年轻消费群体的吸引力。

4. IP 形象渠道合作

黑龙江省政府体系内 IP 授权合作推广。政府联动公检法、教育、文化旅游、体育、科技、团委等各个单位共同宣传“爽爽虎”形象，或通过政务平台主动宣传，或结合自身业务先行先试，举全省之力让“爽爽虎”形象无处不在，深入人心。

“爽爽虎”与黑龙江省内各景区联动宣传推广。“爽爽虎”以旅游代言人的形象进驻黑龙江四大核心景区，通过人偶形象与游客互动，解答游览咨询、倡导生态环保，并在景区的导览系统、旅游手册、户外广告、线上平台的宣传推广中植入“爽爽虎”形象，提高“爽爽虎”的曝光量。

“爽爽虎”文创产品电商平台推广。与京东金融合作，对“爽爽虎”衍生文创商品进行众筹推广，同时设置专题页面对众筹成功的文创商品进行生产售卖。

“爽爽虎”与企业联动宣传推广。围绕吃住行游购娱等旅游要素，在黑龙江省内外开发 6 家“爽爽虎”授权企业，将“爽爽虎”形象应用在酒店、餐厅、服装、玩具等各种行业，通过政府授权＋宣传，企业研发产品售卖的形式，共同开发“爽爽虎”的商业价值。同时，持续扩大“爽爽虎”授权企业体系，通过多方合作受益，打造“爽爽虎”发展生态圈。

5.3.2 黑龙江文创 IP 发展计划

为加快推进黑龙江文化旅游的融合发展、创新发展，全面带动黑龙江文化旅游创意产业的提升，建议黑龙江以文旅融合 IP 建设为切入点和着力点，通过制定一系列文旅融合 IP 发展计划，带动省内文化旅游企业的快速发展，推动文化和旅游产业高质量发展。

1. 出台《推进黑龙江文旅融合 IP 工程建设的实施意见》

由文旅厅牵头，编制《推进黑龙江文旅融合 IP 工程建设的实施意见》，对全省的文化旅游资源进行盘点普查，对各地市文化和旅游资源进行分类梳理，编制文化和旅游融合发展IP开发目录；完善全省文旅融合产品专利、商标、版权注册申请机制；在全省范围内培育一批综合实力强、发展前景好、消费者评价高的文化旅游融合先行示范项目；制定《全省文旅融合IP发展扶持办法》；推动文化旅游IP数字化、信息化建设；组织省内有潜力的文旅IP产权主体参与国内外各大博览会、交易会、融资招商培训等活动的宣传推广，搭建学习、交流、沟通平台等。

2. 黑龙江十大形象符号全球评选

梳理黑龙江文化旅游核心吸引物资源，并通过互联网平台组织全球参与黑龙江十大形象符号IP的评选活动，从游客的视角筛选黑龙江最具代表性的形象符号（如湿地、湖泊、冰雪等）。

3. 黑龙江十大IP文创产品打造

根据评选出的黑龙江十大形象符号进行相关文化、资源、景点梳理，提炼出黑龙江十大代表IP，并围绕十大IP开发市场产品体系，线上开通“黑龙江好礼”京东、天猫商铺，线下在黑龙江各大集散中心、机场、高铁站、核心景区进行售卖。让游客在畅游黑龙江的同时，能把黑龙江记忆带回家，增加黑龙江旅游的文创附加收益。

4. 黑龙江品牌IP体系构建

基于“北国好风光・尽在黑龙江”整体品牌形象，围绕吃、住、行、游、购、娱六大旅游要素，构建“龙江好吃”“龙江好住”“龙江好玩”“龙江好礼”“龙江手艺”五大子品牌体系，在全省企业范围内评选五个品牌的十大杰出企业，打造一批品牌旅游打卡点。

5. 黑龙江旅游文创IP大会

每年年底举办黑龙江旅游文创IP大会，拟邀请政府、文旅行业专家、高等院校、文化、旅游、金融、科技公司、知名景区、旅行社、航司、酒店、餐饮、协会等相关嘉宾共同见证“黑龙江旅游文创IP”的发展。

大会对年度黑龙江旅游文创IP网络评选的各类十佳企业、组织、个人进行颁奖鼓励。

组织论坛，邀请权威IP运营专家深度讲述从产品的研发、设计、生产、品牌运作到推广应用等全产业的IP生态链，展现IP商业转化的成功之路，同时为“黑龙江旅游文创IP”的持续提升提供新视野、新路径、新方案。

5.3.3 基于“爽爽虎”形象的应用

随着“爽爽虎”形象的认知度和美誉度不断提升，可以将这一IP形象应用范围不断扩大，具体可参见表5-1。

表5-1 “爽爽虎”形象应用示意表

序号	大类	小类	内容
1	虚拟应用类		宣传片
2			表情包
3			动漫/微电影
4			短视频
5			游戏角色
6			歌曲
7	实物应用类	日常生活类	冰箱贴
8			杯具
9			灯具
10			抱枕
11			玩偶
12			胶带
13			手机壳
14			零钱包
15			笔记本
16			钥匙链
17			书签/书立
18			手办
19			U盘
20			餐具
21			雨伞
22			名片夹
23			寝具

续表 5-1

序 号	大 类	小 类	内 容
24	实物应用类	旅游出行类	行李牌
25			行李箱(套)
26			旅行背包
27			充电宝
28			纪念章
29			U 型枕
30			旅行洗漱包
31		服装饰品类	丝巾
32			卫衣
33			睡衣
34			帽子
35			毛毯
36			眼罩
37			拖鞋
38			耳环
39			首饰盒
40		食品特产类（授权相关生产企业）	土特产产品包装
41			棒棒糖/奶糖
42			翻糖蛋糕/奶油蛋糕
43			面包
44			亲子肠
45			QQ 肠
46			红肠
47			雪糕
48			果冻

5.4 “爽爽虎”提升建议

5.4.1 “爽爽虎”应用升级

“爽爽虎”目前是黑龙江省的旅游吉祥物，其形象仅应用于文化旅游方面的展示和营销宣传。随着"爽爽虎"形象逐渐深入人心，其应用范围也应继续扩大，可以将其由省级的文旅吉祥物升级为全省的整体形象吉祥物。

一是将"爽爽虎"的形象版权无偿提供给黑龙江省政府，并可由省政府的各组成部门、直属部门免费使用。例如税务部门可以应用"爽爽虎"的形象设计"'爽爽虎'教你纳税小知识"；公安部门可以设计"'爽爽虎'教你十招防小偷""'爽爽虎'告诉你十个安全小常识"；教育部门则可以最大限度运用"爽爽虎"，例如针对幼儿园，做"'爽爽虎'小讲座"系列，设计"'爽爽虎'教你洗小手""'爽爽虎'教你学消防""跟'爽爽虎'学习识别坏蛋"等宣传画或小视频；针对小学则可以植入更多的研学内容，如"'爽爽虎'带你游遍世界(地理知识)""'爽爽虎'趣讲天文""'爽爽虎'为你解析生活中的化学知识"。

二是共享相关的文创设计及衍生品制作企业的信息，并协助各政府机构进行与其相关的"爽爽虎"实物设计。如有部门需要以"爽爽虎"作为形象制作奖品或日常用品，可自行联系相关设计制作企业进行生产，同时扩大"爽爽虎"的传播范围，提升"爽爽虎"形象的影响力。

5.4.2 突出宣传黑龙江东北虎林园

与成都大熊猫繁育研究基地相似，黑龙江东北虎林园是世界上最大的人工饲养和繁育东北虎基地，占地面积144万平方米，隶属于黑龙江省林业和草原局，拥有各种不同年龄的纯种东北虎1300余只，是真正的"千虎之园"，也是国家4A级旅游景区，可以称得上是"爽爽虎"的娘家，是宣传"爽爽虎"的最具有黑龙江特色的旅游景点。

将黑龙江东北虎林园作为打造黑龙江省级旅游IP的核心点，全方位地围绕这一旅游景区突出宣传与东北虎"爽爽虎"相关的内容。具体可以开展以下活动：

第一，"爽爽虎"文化活动。致力于打造"东北虎故乡旅游精品，全方位展示'爽爽虎'"这一目标，以"爽爽虎"这一形象为核心，多渠道、全方位加大景区宣传力度，借助中央电视台、黑龙江电视台等主流媒体，黑龙江文旅网、黑龙江东北虎林园等新媒体渠道策划并组织一系列以“爽爽虎”为主题的东北虎文化活动，活动内容可以涉及东北虎的习性、保护、科研、饲养和繁育等，活动可以以线上和线下方式联合开展。

第二，“爽爽虎”守护者全国招募活动。该活动主要面向大中院校，以知识竞赛、社会实践及提出创意方案等内容和形式，开展东北虎的生态保护、东北虎林园品牌知名度提升方案与东北虎生长区域旅游发展调研，同时提出一些创意性的“爽爽虎”推广活动或是生态文创产品传播素材。

第三，录制短视频。记录东北虎林园中小老虎从出生到满月的短视频，抓取“爽爽虎”一天天长大的萌萌样子，制造相关的话题，吸引更多的人参与竞答、关注和前往。

第四，推出“爽爽虎”生日会。将黑龙江东北虎林园的建园日作为“爽爽虎”的生日，以此提高两者之间的关联度。邀请幼儿园及小学生参加“爽爽虎”每年的生日会，带领孩子们完成动物主题的研学活动。

除了以上活动之外，还可以有计划地以黑龙江东北虎林园为基地，与电视台合作录制东北虎的科普教育片、动画片，与短视频网站合作推出“爽爽虎”的可爱瞬间等活动，不断提高黑龙江东北虎林园和“爽爽虎”的知名度。

5.4.3 扩大“爽爽虎”IP形象的应用情境

作为黑龙江省的旅游IP形象，需要不断扩大“爽爽虎”对于旅游行业的标识、带动及使用范围。可以考虑以下几方面的应用情境：

第一，打造“爽爽虎”号旅游专列。将旅游专列的内部装饰、宣传版、语音播报内容甚至列车套餐盒均统一为“爽爽虎”形象，使旅游专列成为线性的黑龙江旅游IP形象宣传的窗口。

第二，冠名“爽爽虎”号彩绘飞机。我国现在许多旅游目的地都推出了彩绘飞机，比如桂林、庆阳等，这是“航空＋旅游”紧密合作的一个新起点。可以将黑龙江省最受游客关注的旅游资源与“爽爽虎”结合起来彩绘飞机，让“北国好风光”飞向蓝天，飞向不同的客源地，形成一张张移动的“空中名片”。

第三，开行“爽爽虎”号城市旅游观光车。在夏、冬两个旅游旺季，选择几个城市开通城市内部旅游观光车。开行高铁站到重要旅游景区、重要旅游景区之间、重要街区到旅游景区之间的“爽爽虎”号旅游观光车。

第四，以“爽爽虎”形象授权进行民宿企业招商，获得授权的民宿可以打造“爽爽虎主题房间”。房间可以由文旅厅进行统一设计，如森林场景的装修，带有“爽爽虎”形象的床品及装饰，入住房间的游客可以获得“爽爽虎”相关的文创衍生品等。

第五，与省内知名食品企业（如秋林、马迭尔）进行合作，联合开发“爽爽虎系列儿童美食”。如“爽爽虎亲子Q红肠”“爽爽虎蛋糕”“爽爽虎冰棍”“爽爽虎果冻”等，进一步加强“爽爽虎”在儿童心目中的知名度和影响力。

第六，设置“爽爽虎”休息站（售卖站）。在高铁站、飞机场、城市街区、城市广场和旅游景区等地设置具有“爽爽虎”形象的休息站、饮品店、售卖站等，使其成为黑龙江旅游的形象和品质代表。

第七，与齐齐哈尔飞鹤乳业合作，打造“虎鹤”系列儿童奶粉。将“爽爽虎”形象男性化，打造“虎仔”男童奶粉；将飞鹤形象女性化，打造“鹤妞”女童奶粉。

第八，组织“爽爽虎”带你游龙江采风活动。邀请重要客源市场的旅行商、旅游爱好者、社交媒体达人和黑龙江旅游攻略作者等前来考察、采风，让他们亲身感受黑龙江深厚的文化底蕴和优美的自然风光，以通过不同的渠道把黑龙江旅游推向全国。

第九，加强“爽爽虎”旅游IP形象推广活动。在旅游推介活动中，主推以“爽爽虎”为形象使者的黑龙江的旅游资源和主题旅游，提升黑龙江的旅游品牌知名度，推动不同客源市场的文化、旅游和经贸交流与合作。

第十，开展“爽爽虎”事件营销。以“爽爽虎的邀约”为主题，举办“旅游萌宠，相聚龙江”活动。邀请全国各地的旅游吉祥物齐聚黑龙江，如内蒙古的“蒙宝”“咕宝”，澳门的“麦麦”，上海的“乐乐”，海南的“波波椰”，新疆的“阿乐”，甘肃的“丝丝”“路路”等，由“爽爽虎”带领着这些吉祥物游玩黑龙江，并可以与各地市的吉祥物见面（如哈尔滨的“滨滨”、齐齐哈尔的“小鹤齐齐”、黑河的“嘿嘿熊”等)。由“爽爽虎”与当地的吉祥物尽“地主之谊”,与前来做客的吉祥物观山水、做游戏、品美食等,将玩闹的场景拍成短视频或制作成搞笑照片,通过抖音、快手、微博、微信等渠道进行传播,打造焦点传播事件。

基于“爽爽虎”憨态可掬的形象在大众,尤其是在年轻人心中的良好基础,可以不断拓展其应用场景,从高铁车厢,到旅游纪念品,再到节目专栏,使其成为活跃在各个领域的黑龙江省旅游IP。

5.4.4 打造“爽爽虎”系列动画片

近年来,动画片以其独特的展现形式及黏着性很强的长生命周期为旅游业培育了新的庞大消费人群。在动漫氛围中成长起来的“80后”和“90后”现在已成为各行各业,尤其是文旅行业的主流消费人群。相关调查显示,动画片视频的展现更容易吸引中青年游客的目光,满足游客新型的消费需求。

动画片形象化很强的塑形能力给旅游业带来了新的营销手段和传播方式。当今时代是视觉文化主导的时代,而视觉的核心是形象。可以说,因为都有“趣”,所以动画片和旅游这两个产业具有天然的可连接性。无论是“动漫+”还是“旅游+”,都在走向融合。动漫和旅游的融合实现了消费产品与消费体验的融合、消费效率与消费深度的融合。

这种做法也是黑龙江旅游业将线下的精品旅游项目转化为更多元化及更加灵活的线上展现的形式。

在此,建议联合动漫设计专业人员打造“爽爽虎很忙”系列动画片,将“爽爽虎”的形象变成内容的形象化表达工具,这种做法的好处一是能突出黑龙江整体品牌的可视化,让平日里关于旅游资源介绍的概念变得一目了然;二是能让黑龙江省旅游品牌更具亲和力,旅游景区的品牌可视化、消费长尾化,能实现把旅游目的地带回家消费的目标。

具体可以开展以下内容:

围绕“爽爽虎很忙”主题,分别打造“爽爽虎解锁龙江100种玩法”系列、“爽爽虎和它的好朋友们”系列和“爽爽虎的快乐节日”系列。

关于“爽爽虎解锁龙江100种玩法”系列，可具体为：将爽爽虎以拟人化的形象，解锁来到黑龙江的100种精彩玩法。如策划“爽爽虎游湿地”“爽爽虎画油画”“爽爽虎逛中央大街”等。

关于“爽爽虎和它的好朋友们”系列，可具体为：突出黑龙江省生态资源良好、动物资源多样优势。策划“爽爽虎和小鹤做朋友”“爽爽虎的白鲸兄弟”“爽爽虎和企鹅波曼去哈尔滨大剧院”等。

关于“爽爽虎的快乐节日”系列，可具体为：突出黑龙江省传统旅游节庆，展现独特的地域性。策划“爽爽虎去冬捕”“爽爽虎的漠河圣诞夜”“爽爽虎的快乐冰雪节”“爽爽虎喝爆啤酒节”等。

本章小结

黑龙江有“两爽”：夏季“凉爽宜人”，冬季“冰爽诱人”。取自于东北虎原型的旅游吉祥物取名为“爽爽虎”，符合游客对黑龙江的认知和期待。

游客认为黑龙江省吉祥物应该“虎头虎脑”，体现了东北人的性格实在，“像黑龙江人一样是热情的、豪爽的、友好的”，同时具有冒险精神、大胆、虎虎生风的特质。

游客对具有民族特色、有纪念价值、实用美观的纪念品更感兴趣，玩偶、帽子、挂坠、钥匙链、T恤、冰箱贴等兼具实用性和装饰性，更受游客青睐，可以“爽爽虎”为原型进行相关文创商品的设计和开发。

“爽爽虎”IP形象内容创作包括：设计主题表情包、开发衍生文创商品、设计“爽爽虎”节气海报、设置“爽爽虎”网红打卡点、出版“爽爽虎”连载漫画和制作“爽爽虎”游记短视频。

“爽爽虎”IP形象互联网推广包括：“爽爽虎唱RAP”音乐创作计划、“爽爽虎”跨界营销和“黑龙江IP家族”互联网营销。

“爽爽虎”IP形象渠道合作包括：政府体系内IP授权合作推广、景区联动宣传推广、文创产品电商平台推广、企业联动宣传推广。

黑龙江省文创IP发展计划包括：出台《推进黑龙江文旅融合IP工程建设的实施意见》、黑龙江省十大形象符号全球评选、黑龙江十大IP文创产品打造、黑龙江品牌 IP 体系构建和黑龙江省旅游文创 IP 大会。

“爽爽虎”系列动画片包括：围绕“爽爽虎很忙”主题，打造“爽爽虎解锁龙江 100 种玩法”系列、“爽爽虎和它的好朋友们”系列以及“爽爽虎的快乐节日”系列。

第6章　旅游目的地品牌建设案例研究

6.1　“好客山东”品牌体系构建及营销推广

6.1.1　“好客山东”旅游品牌的构建过程

山东曾先后出现过“一山一水一圣人”“走近孔子、扬帆青岛”等多种不同的形象定位。这些定位大都是对“物”的定位，没有深入到旅游文化的深层次中。

2008年山东旅游局推出了高度概括山东文化、突出现代旅游品牌形象的“好客山东”(Friendly Shandong)标识。这一品牌以市场需求为导向，以资源禀赋为依托，以变立身，以人为本，打造整体品牌，适应旅游的变化和游客的需求。

标识结合了传统元素与现代设计，突出了“山东”(Shandong)与“山东人”最核心的形象表达——“好客”(Friendly)；同时，色彩绚丽的英文符号组合与汉字“山东”以及一枚清晰的“好客”印章，共同组成了一个文化气息浓厚、充满愉悦感的现代标识(见图6－1)。

“好客山东”以人为本，用“好客”两字将旅游的真正精神诉愿传递给游客，抓住了山东旅游文化的核心，标志着对旅游产业规律的认识上升到了一个新水平。

“好客山东”是对山东旅游形象最生动、最直接的信息传递，深深植根于齐鲁文化，高度概括了山东人的品德和齐鲁文化的内涵，是对山东文化灵魂的准确表达，让人体会到了齐鲁文化的大气、孔孟之乡的豪气，扑面而

图 6-1　山东省旅游品牌形象变化过程

来的是齐鲁山水的豪情和山东人的热情。

“好客山东”融合了多种元素，将语言、文字、设计元素融合到一起，以丰富的色彩变化，对应山东深厚的历史文化底蕴和独特的休闲度假魅力，丰富、动感、亲切，构成强烈的视觉冲击力。以五岳之首、大海之滨、孔孟之乡、礼仪之邦的整体形象，结合“山东、山东人”的“好客之道”，以“诚实、尚义、豪放”的鲜明个性，传递特色化、国际化的现代形象与文化意识。

“好客山东”引领建立了区域旅游目的地品牌体系，推出区域内各具特色又串联成片、成线的地域子品牌体系。通过多年的努力，在“好客山东”品牌引领下，十大文化旅游目的地品牌建设全面推进，已形成一个遍布省域丰富多彩的品牌体系。

这十大旅游目的地品牌具体如下：

仙境海岸——绵延 3000 多公里的海岸线上，镶嵌着青岛、烟台、威海、日照四颗明珠。道教文化、海洋文化孕育了昆嵛山、崂山、蓬莱仙境、仙岛长岛“得道成仙”的圣境和碧海蓝天、阳光沙滩的自在逍遥，物我两忘的“人间仙境”实至名归。

黄河入海——黄河，取道济南、德州、滨州、东营等 9 市奔流入海，河海交汇，形成了壮美的自然景观。这里还是著名军事家孙子的故乡，兵学文化影响深远。

鲁风运河——京杭大运河山东段，全长 645 公里，贯穿枣庄、济宁、泰安、聊城、德州五市，是山东省第四处世界文化遗产。

水浒故里——菏泽郓城县、泰安东平县、济宁梁山县、聊城阳谷县等地是水浒故事的主要发生地，至今仍保留着大量的水浒文化遗迹和鲜活的水浒英雄遗风。来山东，吃大块肉，喝大碗酒，品英雄豪情。

亲情沂蒙——沂蒙山区是抗日战争和解放战争时期著名的革命根据地之一。这里民风淳朴，革命战争年代诞生了无数可歌可泣的英雄儿女，沂蒙六姐妹、沂蒙红嫂、沂蒙母亲的事迹感人至深。

泉城济南——济南是山东省会城市，名闻天下的泉水之城。700余处天然涌泉凝聚趵突泉，汇波大明湖，映照千佛山，串联起一座老城的古往今来。济南名士多，帝王将相、文人墨客为这座城市平添了许多历史掌故和文化气息。

齐国故都——淄博是战国七雄之一齐国的故都，富裕繁华，开放多元，孕育出特色鲜明的齐商文化、陶瓷文化、聊斋文化。蔓延淄博和莱芜等省内多个城市的齐长城，带给人们不一样的齐风齐韵。

平安泰山——泰山，五岳之首，世界文化与自然双遗产，将历史文化、自然景观、地质地貌、民俗活动融为一体，是历代帝王天地封禅的唯一名山，是中华民族“天地泰和”愿景的表征和精神家园。

风筝之都——潍坊是世界风筝之都，拥有众多的民间艺术和深厚的民俗文化；诸城、昌乐、临朐等地拥有珍贵的地质资源：诸城有世界规模最大的恐龙化石群、恐龙足迹群和最高大的鸭嘴龙化石骨架等多个世界地质之最，昌乐古代火山群和蓝宝石之乡的独有魅力、山旺新生代化石地层的神秘，都展示出潍坊的艺术瑰宝和浓郁风情。

文化济宁——江南多才子，齐鲁出圣人。济宁是具有七千年文明史的孔孟之乡和运河之都，济宁的曲阜是伟大的孔子、孟子、颜子、鲁班等历史名人的故乡，黄帝的诞生地，儒家文化的发源地，在国内外，特别是在日本、韩国以及东南亚等儒家文化圈具有巨大影响。

在“好客山东”品牌统领下，以旅游城市品牌为基底，以旅游企业品牌、旅游产品品牌、旅游商品品牌、旅游节庆品牌等子品牌为内容，形成以整体品牌形象为核心，多层次品牌为支撑的旅游品牌体系（见图6-2），提升了山东旅游品牌的竞争力。

图 6-2 山东省旅游品牌体系

旅游企业品牌：按照品牌化、实业化的路子，在省内积极发展“鲁菜馆”“山东客栈”等品牌连锁企业，积极打造旅游景区、旅行社、旅游车船公司、旅游商品、旅游娱乐等知名企业品牌，使之成为“好客山东”文旅品牌的重要载体。

旅游城市品牌：以省内 16 个地市的区域特色，形成旅游城市品牌，如济南的“泉水之都”、烟台的“山海仙境、葡萄酒城”、潍坊的“国际风筝都”、曲阜的“东方圣城”、聊城的“江北水城”等。在地级城市品牌的统领下，各县、市、区可进一步打造自己的城市品牌，形成亮丽的城市名片，如庆云的“吉祥庆云”、乐陵的“乐在乐陵”等县级品牌。

旅游节庆品牌：依托“孔子国际文化节”“泰山国际登山节”“青岛国际啤酒节”“国际摄影大赛”等大型节庆赛事活动，打造出“贺年会”“年博会”“泰山会盟”“休闲汇”等节庆文化品牌。

旅游商品品牌：以旅游商品设计大赛、旅游商品创新设计大赛、旅游商品展、游客最喜爱的旅游商品评选等系列活动，逐步打造出“山东 100”“山东三珍”“青岛经典”等旅游商品品牌，推出“山东有礼 · 礼天下”系列旅游特色商品。

旅游产品品牌：在“好客山东”的统领下，着力打造“山水圣人”“黄金海岸”“逍遥游”三大骨干旅游线路；积极发展研学旅游、会展旅游、温泉旅游、湿地旅游、高尔夫旅游、乡村旅游、民俗旅游、红色旅游等专项旅游。

各旅游品牌的品牌形象见图 6－3。

图 6－3 山东省旅游体系中的品牌形象

6.1.2 “好客山东”旅游产品体系架构

第一，依托资源禀赋，整合开发系列旅游产品，全方位支撑“好客山东”品牌形象。

旅游产品是旅游形象定位的物质载体和支撑，好的品牌必须要有好的产品支持。为把“好客山东”理念真正融入到旅游产品建设中去，按照科学发展观的要求，在完善提升以泰山、曲阜、济南为主体的“山水圣人”，以青岛、烟台、威海、日照、东营、滨州为主体的“黄金海岸”两大传统旅游线路的同时，创造性地提出了“逍遥游”旅游理念，推动文化旅游、海洋旅游、乡村旅游、民俗旅游、生态旅游、红色旅游等旅游产品的质量提升。

第二，把握市场脉搏，创新旅游产品，丰富“好客山东”整体品牌的文化、意念和功能。

围绕供给侧结构性改革的总体要求，以产品创新带动消费升级，持续创新开发研学旅游、会展旅游、高尔夫旅游、工业旅游、科技旅游等专项旅游产品品牌，满足市场需求。

教育与旅游融合互动，发展研学旅行：依托各地的博物馆、旅游区、科技馆、风景名胜区、典型的文化景观、工农业产业园区和高校，规划建设精品研学基地。发挥山东儒学文化优势，围绕曲阜国际孔子学院总部基地和中华优秀传统文化传承发展示范区建设，系统挖掘对接入境旅游市场需求，开发专项产品，培育研学旅行高端项目，打造国内外知名的精品研学旅行高地。

通用航空与旅游融合互动，发展低空飞行旅游：依托通用航空机场，加强与民用机场的衔接，构建便捷、高端、专业的低空旅游交通体系。大力发展城市、著名景区和自然奇观的空中观光旅游，推出多种飞行器体验项目，丰富低空旅游产品。

会展经济与旅游融合互动，发展会展旅游：借助举办世界体育休闲大会、世界老年旅游大会、山东旅游商品与装备博览会、中国（临沂）国际旅游商品博览会等旅游会展的契机，重点加快济南、青岛等板块集群的发展，充分释放上合组织青岛峰会的后续影响，发展高端会展经济；支持临沂建设具有国际竞争力的“世界商谷”；依托中国（曲阜）国际孔子文化节、潍坊国际风筝会等，打造精品会展节事活动。

推进旅游与现代高新技术产业、高端制造业、特色工业及工业遗产等融合互动，发展工业旅游：成立山东省工业旅游联盟，挖掘山东工匠精神，讲好山东工业故事，将啤酒、红酒、阿胶等打造成为国际知名的工业旅游品牌，将山东建设成为具有突出齐鲁地域风格、鲜明时代特征、完备品牌体系的国内外著名工业旅游目的地。

推进科技与旅游融合互动，大力发展科技旅游：依靠现代科技改造传统旅游产业，提升旅游产品科技含量。开发多种以科学技术为主题的旅游产品，建设一批旅游科技场馆、旅游科技园区、旅游科普基地等精品科技旅游项目。

医养健康与旅游融合发展，打造康体养生产品：挖掘泰山、沂蒙山、崂山、昆嵛山、蓬莱阁等道教养生文化，加快开发滨海疗养、森林康养、温泉浴养、研修康养等健康旅游业态，以及高端健康体检、医学美容、养生护理、医疗保健等健康旅游项目，推动医养健康与旅游深度融合。

体育与旅游融合发展，打造体育旅游产品：培育国家级体育旅游示范基地和精品赛事，支持各地举办一批高水平、高质量的运动主题赛事活动，不断提升泰山国际登山节、黄河口（东营）国际马拉松赛、中国（日照）国民休闲水上运动会、威海国际铁人三项赛、青岛国际帆船周、潍坊国际风筝会、莱芜国际航空节、济南国际泉水冬泳节等赛事的国际影响力。

6.2 新西兰旅游品牌体系构建及营销推广

6.2.1 “100%纯净新西兰”品牌体系

100% Pure NewZealand 是 1999 年由新西兰旅游局推出的面向全球的旅游推广营销，这也是新西兰第一次全球化的旅游品牌营销活动。

100% Pure 将其品牌定位为“新太平洋的自由”，同时向潜在受众传达了一个强有力的概念——新西兰，地球上最年轻的国度，并将新西兰打造成全世界最令人心驰神往的目的地之一。新西兰秉承将活动、景观和人文巧妙融合的理念，使新西兰成为独一无二的度假胜地，并将这样的体验称之为“100%纯净新西兰”体验。

将 100% Pure 作为品牌核心，传递自然和纯净的品牌理念。新西兰旅游局分别用 100% PURE Adrenaline、pure nature、100% PURE WEL-

COME 和 100% MIDDLE-EARTH 等品牌口号来宣传新西兰(见图 6－4),每个品牌的核心都围绕新西兰的 100% Pure 进行宣传,通过前期的宣传,最终形成 100%纯净新西兰的旅游目的地品牌定位,该品牌还获得了 2012 年的世界旅游大奖。

图 6－4　新西兰旅游品牌宣传口号

营造新西兰旅游目的地“好客氛围”。将人、景观与文化作为新西兰旅游目的地品牌体系的核心内容,借助新西兰毛利文化向游客传递旅游目的地的“好客文化”,使游客在旅行过程中和旅行后都能对新西兰的本土文化产生深刻印象。

“100%纯净新西兰”品牌体系构建思路主要从旅游资源保护、旅游产品开发、区域性旅游体验三个方面构建新西兰旅游目的地品牌体系。

将资源保护作为“100%纯净新西兰”品牌构建的首要任务,并在此基础上进行旅游产品开发和塑造具有区域特征的旅游体验内容。如发布 TAIKI 宣传引导游客与当地人一起共同关爱新西兰,借助毛利文化宣传新西兰本土文化和增强与游客之间的互动,根据南北岛的资源差异特征开发具有区域差异性的旅游体验产品等。

将旅游动机与新西兰旅游产品体验特征相吻合的游客群体作为首要目标市场。依据新西兰旅游目的地产品特征,将重游者、喜欢与自然环境互动的游客、具有保护环境和本土文化意识的游客、追求新奇和全真性体验的游客、拥有全球化和开放型心态的游客等作为首要目标市场,以保证游客在新西兰具有较高满意度的旅游体验。

6.2.2 “100%纯净新西兰”与目的地旅游产品开发

将“100%纯净新西兰”品牌融入目的地产品设计与体验活动中，设计了一些有特色的旅游产品和体验活动，具体如下：

科普知识旅行：罗托鲁瓦树冠之旅、生态滑索之旅、西兰蒂亚-卡洛里保护区体验之旅。

濒危动物展示：卡皮蒂岛自然之旅、奥马鲁小蓝企鹅栖息地、爱姆野生动物团。

旅行资助项目：芒格陶塔伊山生态保护区、神奇峡湾过夜巡游、企鹅之家、石莼岛之旅。

生态保护行动：蓝鸭农场之旅、瓦纳卡自然探险。

为推广生态旅行的理念，新西兰有许多传承并践行TAIKI理念的旅行项目，它们让旅行变得更加环保与纯净。在这些生态旅行项目中，不同的项目所运用的保护生态的方式也有所不同。

通过科普了解生态保护，在趣味玩乐体验中深入了解当地动植物的生长状况及其对生态保护的重要性与影响。设计了一些科普之旅，如罗托鲁瓦树冠之旅、西兰蒂亚-卡洛里保护区体验之旅、生态滑索之旅等。

通过环保行动支持生态保护，游客可以亲手实施种树、参与管理农场等，如蓝鸭农场之旅、瓦纳卡自然探险。

通过展示重视生态保护，景点内展示濒危动物的生活习性、栖息地特征等相关信息，让大家了解这些动物，并意识到爱护它们的重要性，如卡皮蒂岛自然之旅、奥马鲁小蓝企鹅栖息地、爱姆野生动物团等。

通过旅行资助参与生态保护，游客的每次参与都是对当地生态保护计划的资助，在体验活动的同时也尽了一份环保力量，如参与芒格陶塔伊山生态保护区的生态普及亲子课程或神奇峡湾过夜巡游。

此外，新西兰还提供了专业化和便利化的旅游产品服务，如100%纯净新西兰旅游专家计划。该计划旨在帮助中国区旅游代理商提升销售新西兰的业务能力，计划中设计了“金、银、铜”三种资质等级，业内同仁可在PC端注册并参与该计划，成为旅游专家之后还可以获取旅游专家证书，个人所在旅行社在新西兰旅游局官网发布旅游行程时被优先排名，旅游专家身份归属个人而非旅行社。

6.3 “乌镇模式”品牌体系构建及营销推广

6.3.1 乌镇的发展历程与品牌定位

乌镇的发展历史是一个从观光小镇、文化小镇、会展小镇、度假小镇的逐步定位及提升的过程。

乌镇目前有三个景区，东栅景区是 2001 年对外开放的观光景区，以展示乌镇的风土人情、民俗习惯；西栅景区是 2007 年对外开放的综合性景区，有 13 家酒店可供入住，枕水听涛看尽西河市的风景，游客可感受水乡的生活。2016 年乌村对外开放，以江南原有的农村风情为主题元素保留了原有老屋，形成具有农村风格的农家小院，是一个高端乡村旅游度假区。随着乌镇景区的逐步建成与对外开放，乌镇品牌历经“枕水人家”观光小镇、“文化＋会展”名片“文化乌镇”“互联网特色小镇”“休闲度假村落”的多个子品牌定位，形成包括度假、文化、会展和休闲度假等在内的多重旅游产品体系。

6.3.2 乌镇旅游产品体系及其构建

第一，逐层打造乌镇旅游产品体系。

从空间层面来看，乌镇旅游产品体系主要分为景观小品层、文化景观层、节事活动层、会议展览层、高端乡村旅游体验层多个层次。

景观小品层：马头墙、石拱桥、乌篷船等。将马头墙、石拱门、桥洞、石板路、乌篷船、棂花、石像和木雕等特色建筑小品作为景区建筑景观的纹理，使景区在建筑外观上形成独特性。

文化景观层：茅盾故居、汇源当铺、江南百床馆等。遵循修旧如旧的原则恢复景区内的历史文化遗址，并在修复遗址的基础上挖掘景点历史文化故事，赋予景区特有的文化内涵，如名人故居、民俗馆等。

节事活动层：提灯走桥、中秋祭月、长街宴等。运用旅游演艺或参与式体验的方法举办各类节事活动，增强游客的参与性和互动性体验。

会议展览层：世界互联网大会会址、乌镇戏曲节、当代国际艺术展等。举办乌镇戏曲节、世界互联网大会、美术展览活动及各类商业会展等。

高端乡村旅游体验层：深度农耕、关河泛舟、农村博物馆等。将乌村作为高端乡村旅游度假区进行整体开发，颠覆中国乡村旅游的传统模式，采用一价全包的套餐式体验，提供晨间皮划艇、深度农耕、关河泛舟、农村博物馆、童玩馆、穿针引线、巧手烘焙等20余种乡村旅游体验活动，并提供一对一CCO(首席礼宾官，chief Cultural Officer)亲情化服务。

第二，乌镇旅游产品体系构建。

基于住宿、餐饮、娱乐等多元业态，乌镇开发出了观光度假类旅游产品。

在住宿业态方面，景区内建设有度假酒店、精品酒店、乌镇民宿、经济酒店、青年旅馆等多种类型的住宿业态类型，可以满足不同消费层次和年龄阶段游客的需求。

在特色餐饮方面，乌镇景区重点开发当地抱腌太湖白水鱼、桂花糖醋小排、红烧羊肉、乌酒小牛肉等特色菜系；挖掘青团、熏豆茶、定胜糕等传统工艺小吃；以乌镇本帮特色为主，重点打造枕水芙蓉、民国时代、锦岸私房菜、逢源酒楼等一系列餐饮名店。

在休闲娱乐设施方面，配备有水疗养生馆、咖啡厅、足道、酒吧、书店、夜游、泳池、剧院等娱乐设施，满足度假游客的娱乐休闲需求。

第三，顺应文化乌镇的品牌定位，举办各类文化体验活动。

举办乌镇戏剧节、乌镇国际未来视觉艺术计划、乌镇当代艺术邀请展、《实名制》乌镇封闭创作营、《大先生》话剧演出、姝岛和世公教活动等各类节事和文教活动；同时在东栅的观光景区设立木心纪念馆，在西栅建成木心美术馆，举办各类美术展览活动，对游客实行预约制和限量进入，以保证游客的观赏体验质量。

第四，开展各类会展类活动。

自2014年首届世界互联网大会·乌镇峰会落户乌镇后，之后的每一届都是在乌镇举办。乌镇拥有专业的会展服务团队，能够紧扣客户需求，量身策划，精准定位，完备服务，确保商务活动尽善尽美。

第五，打造高端乡村旅游休闲度假区项目——乌村。

乌村以特色住宿、餐饮、娱乐、休闲活动等一系设施，提供极具特色的 CCO 亲情化服务，是以一价全包式创新体验模式和全新的休闲度假村落概念打造的高端乡村旅游度假区，一键即可打包吃、住、行 20 余项免费体验项目，同时还定期举办儿童夏令营和亲子体验等活动。

6.3.3　乌镇品牌运营的成功经验

第一，系统的保护开发理念，维持古镇原真性。

在规划、法规的指导下，乌镇管理者十分强调历史建筑保护风貌的协调和环境的综合整治。乌镇的开发始终强调“尊重历史”“保护第一”“保护与开发并重，以开发促进保护”，实现双赢。

第二，逐步推进文化＋会展名片，形成乌镇品牌体系。

在品牌塑造方面，遵循景观→文化→节事→会展→体验→乌镇品牌的形成路径，突出乌镇品牌的内容性、独创性和商业性价值。

第三，跨区域复制乌镇模式，拓展区域旅游市场。

在品牌推广方面，将乌镇景区开发和运营模式进行跨地区或跨区域的推广和应用，如北京京郊地区的古北水镇项目，拓展区域旅游市场范围。在品牌创新方面，把握旅游市场发展态势，通过产品升级和换代，在原有品牌客源市场的基础上进行分流和细分，延长客人在景区停留的时间，如乌村高端乡村旅游体验项目。

第四，清晰的产品功能定位，全方位开发旅游产品。

在产品设计方面，形成度假、文化和会展三个方面清晰的功能定位。如乌镇首期工程提出打造原汁原味的水乡古镇，二期将古镇定位为集商务会展、休闲度假于一体的深度体验游，三期乌镇定位于高端乡村旅游体验度假区等。

第五，注重节事旅游营销，降低营销成本。

在营销渠道方面，依托大型节事或会展活动进行借势营销，或者通过影视作品或综艺节目进行植入式营销，增加游客的场景式体验；注重文化事件营销，把原来撒在全国各地做乌镇形象宣传广告的费用开支集中起来做大、打响戏剧节这个高端文化品牌活动，同时促成乌镇旅游进一步向纵深发展，客观上收到了“一石二鸟”“一箭双雕”的显著成效。

6.4 旅游品牌体系构建及营销推广经验总结

通过对以上旅游目的地在品牌建设以及旅游 IP 形象打造的介绍和分析，可以得出以下经验：

第一，政府主导，科学制定品牌建设及提升策略。

无论是国外的新西兰旅游目的地推广，还是国内的山东省“好客山东”品牌宣传口号的推广，都有着共同的特点，即政府主导。各旅游目的地高度重视旅游品牌的推广宣传，将本区域的旅游业发展放在战略性的地位和高度。政府或旅游主管部门每年都会举行多次会议及活动，鼓励并调动全社会参与旅游业的发展，使各职能部门和涉旅企业之间形成旅游品牌建设与发展的合力，营造了社会广泛参与旅游发展的良好氛围。

第二，系统的保护开发理念，保持优势旅游资源的优良。

在规划、法规的指导下，各旅游目的地都十分重视并强调旅游资源的保护，加强对自然环境、生态资源和历史建筑保护风貌的协调和环境的综合整治。旅游品牌建设和开发中始终强调保护生态、发挥优势、保护第一和保护与开发并重，以开发促进保护，实现资源保护与旅游发展的双赢。

第三，准确的品牌定位，塑造并提升旅游品牌形象。

旅游品牌形象战略是旅游目的地竞争力提升的关键因素，旅游形象有利于提高旅游目的地的认知度、美誉度，并成为建立与游客互动的良好契机。各旅游目的地充分地挖掘自身的优势，在旅游品牌形象中重点塑造其与众不同的自然资源或人文特色。

第四，多种传播渠道并举，利用新媒体力量时时互动。

各旅游目的地均有着丰富的旅游资源，为了在突出重点的情况下呈现给游客完整的旅游资源，在传播方式上采用全方位、多维度的传播，并有针对性地使用最能触发受众的渠道。同时，为了顺应新媒体的快速发展，让游客与旅游品牌产生共鸣和互动，采用了不同形式的新媒体线上活动，实现了时时互动，最大限度地使旅游目的地品牌获得了游客正面而积极的反应。

第五，不断完善旅游品牌体系，全方位开发旅游产品。

在明确旅游品牌体系化建设重要性与必要性的前提下，因地制宜地开发了一系列旅游产品，形成清晰而互相支撑的品牌组合。一方面强化传统特色和优势的旅游产品；另一方面顺应游客的需求打造完整而现代的旅游产品。同时，分析不同目标市场的需求变化，对产品进行优化与调整。

6.5 全球旅游IP品牌体系构建及营销推广

6.5.1 熊 猫

一项调查显示，俄罗斯、美国、日本等国外民众对中国文化符号的认知，首先便是“大熊猫”。

美国华盛顿国家动物园负责人史蒂文·蒙福特在接受记者采访时表示，在他眼里，大熊猫是全世界最受欢迎的动物，是他们动物园里的“绝对巨星”。同时动物园发言人表示近八成造访该动物园的游客都会来看大熊猫。

华盛顿国家动物园中大熊猫“泰山”的一段打喷嚏的视频在YouTube上被点击800万次，而它在园区横行欺负其他无辜动物、“花式把妹”的视频点击量则是天文数字。

大熊猫作为中国特有的物种，主要分布于四川、陕西和甘肃的山区，其中又以四川为最，四川可以说是大熊猫的故乡，目前知名度最高的熊猫繁育基地便位于成都。成都、四川乃至中国对外交流都广泛使用熊猫元素。纵观全局，从熊猫元素的使用、品牌发展和营销活动来看，熊猫品牌/文化的成长路径如下：

以熊猫实物为载体，虚实结合，结合成都当地特点因势利导创造虚拟形象，共同构建产品体系：例如成都大熊猫繁育研究基地的大熊猫与基地特许授权的由大熊猫“晶晶”“废物”“啰嗦”“不好睡”“达达”五只三维虚拟熊猫组成的超口爱乐团相得益彰，熊猫邮局这一实体与其品牌形象“YO-YO”进行的周边产品开发。

以熊猫实物为引子，地域上从点、线、面逐步推进，分阶段全方位推广景点和目的地：2013 年以前，大熊猫繁育基地以熊猫为主要卖点利用多种方式推广；2013 年以后，熊猫邮局和成都市以熊猫为核心形象进行主题串联全面推广成都市；2017 年以后，成都市和四川省以熊猫为主题文化全面营销整个区域。

注重文化、艺术的结合：大熊猫繁育基地联合中、法、德等国内外多位艺术家推广熊猫文化，熊猫邮局则将成都文化、熊猫文化和邮政文化相结合孕育而生。

以政府为主导，多方协同配合，线上与线下结合，依托传统的营销手段和新媒介、新渠道结合创意营销，“请进来”与“走出去”并举，引发全员参与并有针对性地进行全域营销：四川省政府、成都市文旅主管部门在以熊猫为主题的推广活动中实现了横向的部门协作、纵向的层级联动，从部门到市州、企业、媒体、社会广泛参与，形成了大外宣工作新格局；同时积极使用新媒介、新渠道对目标客源地进行精准营销，熊猫邮局则积极采用跨界营销来进行推广。

虽然，四川省和成都市都在利用“熊猫”这一特有的萌物进行了卓有成效的营销推广，但是其仍然缺乏统一的、权威的品牌体系，“熊猫”更多的还是以元素的形式存在，这也是可利用“熊猫”进一步做文章之处。

6.5.2 熊本熊

近年日本冒出一只公仔新星，短短几年时间，其受欢迎的程度已直追 Hello Kitty 与米老鼠，它就是熊本县的吉祥物——熊本熊[①]，是日本九州熊本县政府于 2010 年设计出来的地区吉祥物（见图 6－5）。

① 熊本熊在中国的官方名称为酷 MA 萌，中国粉丝喜欢称呼它为熊本熊，本报告中统一使用熊本熊的称谓。

图 6－5　熊本熊的介绍

由于熊本县在日本的知名度较低，而九州新干线全线通车后，临县乃至大阪等关西地区的旅客可以更便捷地来到九州观光旅行。县政府看准这个千载难逢的机遇，有意做一些特殊的地方推广活动，吸引旅客在熊本站下车。

熊本熊的官方身份为熊本县的公务员，职衔为营业部长兼幸福部长，由于减肥失败于 2015 年一度被降职至代理营业部长，在日本各地甚至远赴海外出席宣传活动；它亦曾经在日本天皇及皇后面前表演“熊本熊体操”。

1. 熊本熊的诞生契机及过程

熊本县位于日本的西端、九州岛的中心位置，是日本数一数二的农业县，又被称为火之国，在日本的知名度非常低，一直面临财政困难。2011 年 3 月 12 日，九州新干线全线通车，可使临县乃至大阪等关西地区的旅客可以更便捷地来到九州观光旅行。熊本县利用九州新干线通车的契机做了一些特殊的地方推广活动，吸引旅客在熊本站下车，从而推动本土经济的发展。

县政府请本县出身的知名作家小山薰堂进行构思，他转而找到了自己的好友——著名设计师水野学。他们提出了被称为 Kumamon 的熊形地方吉祥物。这个名字结合了“熊本”(Kumamoto)与熊本方言“人”(Mon)的发音，意为“熊本人”，明确了“熊本熊”出自熊本县的概念。

为了突出本县特色，水野学以熊本城的主色调黑色与萌系形象经常采用的两颊腮红（红色也蕴含了熊本县“火之国”的称号）为基础，创作出了数千种形象组合，最后在其中选出了如今看到的最呆萌的形象（见图 6－6）。

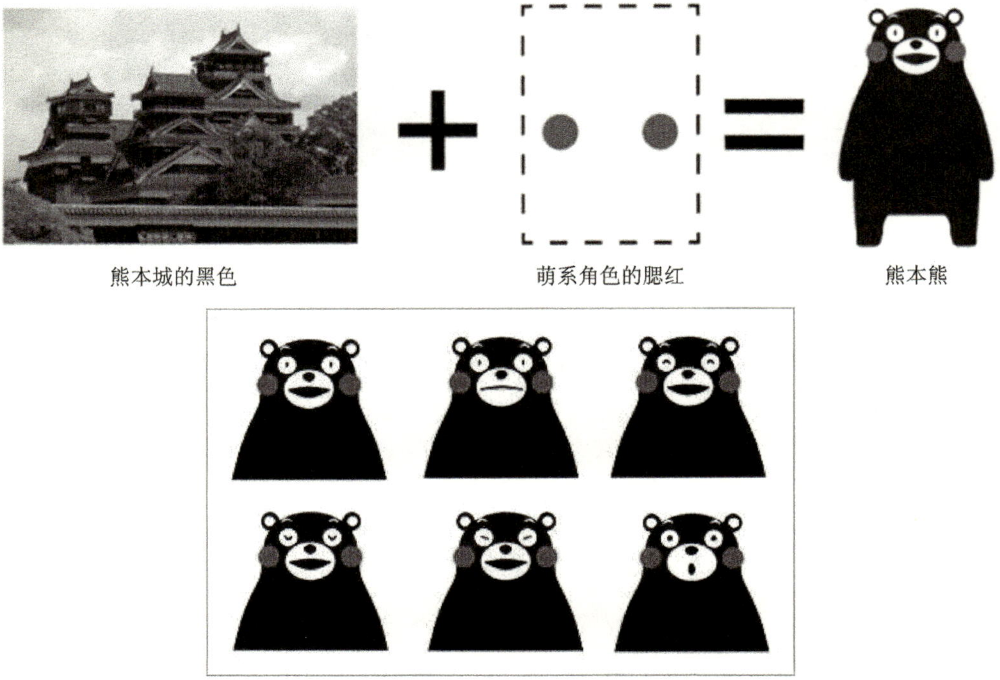

图 6－6　吉祥物熊本熊的形象

2. 熊本熊形象的进阶

设计好熊本熊的名字和形象之后，吉祥物终究需要由人来扮演，于是开始制作皮套。皮套的制作经历了三代更迭，第一代丑得不忍直视，会让人做噩梦的那种。后来小山薰堂干脆找了专制吉祥物皮套的大厂Kigurumi. biz，使得熊本熊变得萌萌哒，这是熊本熊二代。后来又继续改进了一次，现在看到的其实是加胖、加大、加萌的第三代熊本熊了（见图 6－7）。

小山薰堂和水野学研究了时下比较受欢迎的性格，给熊本熊设计了一个人见人爱的“呆萌”和“贱萌”性格。

图6-7　吉祥物熊本熊形象的进阶

3. 熊本熊的人格化

在吉祥物大赛中夺冠，熊本县知事任命熊本熊担任熊本县营业部长兼幸福部长一职，熊本熊就以吉祥物般的公务员身份在日本各地甚至远赴海外出席宣传活动。

熊本熊有自己的办公室，没有通告的时候会按时上下班；“他”会骑着自己的本田电动车，像我们一样在大街上风驰电掣，会一本正经地泡温泉然后把自己全身吹干。“他”还不小心把自己脸上的腮红弄丢了，呼吁大家帮“他”寻找腮红。在去大阪旅游的时候，还因为大阪的风景太美而走丢了。

4. 熊本熊的地区推广模式

熊本县的本地企业不收费授权使用熊本熊，全员营销；关西地区则采取在大阪发传单、寻找腮红等事件进行营销；在日本其他区域，政府参与启动推广计划，开设 Facebook、Twitter 账号，卡通形象拟人化运营社交账号；在海外区域，解除熊本熊插画在日本以外地区的使用禁令，引申出书籍《酷 MA 萌与我》、宣传片《在熊本等你》、熊本熊动画，联名系列。

5. 熊本熊的免费模式

免费模式，即不收费授权吸引商家参与推广。为了更好地推广和宣传熊本县的形象，熊本县决定先放弃盈利的计划，采取不收费授权的方式，只要通过县政府审核，证明商品有助于熊本县的宣传，商家就可以免费用熊本熊的肖像，不收版税。从诞生的2010年3月5日起，熊本熊呆萌的形象就逐渐出现在熊本县出产的商品中。因为无须付费就能使用，所以熊本熊广受欢迎。如今日本到处都能看到它的身影——指示牌、自动贩卖机、出租车车身、各种零食包装，甚至出租车司机的领带上，更不用说各种以它为中心的周边产品了。各行各业都认识了熊本熊。

6. “熊本熊”IP打造及营销总结

熊本熊从诞生到成为日本最受欢迎的吉祥物，其形象研发、品牌产品体系构建和营销推广模式非常值得借鉴。

熊本熊的打造基于本地资源和本地元素，IP与目的地紧密结合，使人产生有机联系和联想，使熊本熊成为熊本县的代表。

熊本熊的性格赋予以市场导向为主，迎合人们当下的情感诉求，熊本熊的设计师研究了时下比较受欢迎的性格，给熊本熊设计了一个人见人爱的“呆萌”和“贱萌”性格。

熊本熊的场景营销和事件营销人物化，使受众能获得沉浸式体验。熊本熊的营销事件深入生活化场景，“贱萌人设”，使受众更容易接受。

熊本熊的营销紧跟世界热点，不间断营销，引发受众的持续关注：在营销推广过程中，熊本熊紧跟世界热点，如积极参与冰桶挑战等活动，持续吸引受众的目光。

通过不收费特许授权模式吸引商家推广。熊本县采取不收费授权的方式吸引商家免费推广，商家只需将营销推广重点放置在熊本熊本身即可。

政府引导IP推广，且配合IP本身的性格进行创意营销并引导当地人民的全员营销。熊本县提出创造吉祥物并积极配合熊本熊的性格进行营销活动的推广，授予熊本熊部长职位，同时发动熊本县全体人民的智慧引发熊本县的全员营销。

营销方式上，积极运用线上线下结合，采用影视纪录片的方式进行推广。熊本县政府在Facebook、Twitter开设熊本熊账户，并积极运用网络媒体，进一步深化熊本熊的影响力，另外还将熊本熊的成功经验写成专著发行并拍摄宣传片进行营销推广。

6.5.3　雪怪阿乐

1. 雪怪阿乐的诞生契机

2018 年，新疆冬季旅游要实现“2＋1＋N”冬季旅游格局，2 即以阿勒泰、乌昌地区为龙头，突出冰雪旅游，挖掘资源潜力，大力开发冬季旅游产品，培育冬季旅游产业链，打造冬季旅游核心支撑品牌。阿勒泰的冬季拥有极致的冰雪旅游资源，不输任何一个国内外大热的冬季旅游目的地，但如此优质的资源却鲜为人知。

为了将阿勒泰冬季旅游炒热，阿勒泰地区旅游局结合当地特色文化及旅游资源，打造阿勒泰冬季旅游 IP“雪怪阿乐”（见图 6－8）。雪怪阿乐从设计、人设到故事构建，都紧贴“阿勒泰特色”。围绕该 IP，阿勒泰地区旅游局打造特色小镇、开发文创周边，并通过互联网营销进行传播，打破旅游发展季节限制。

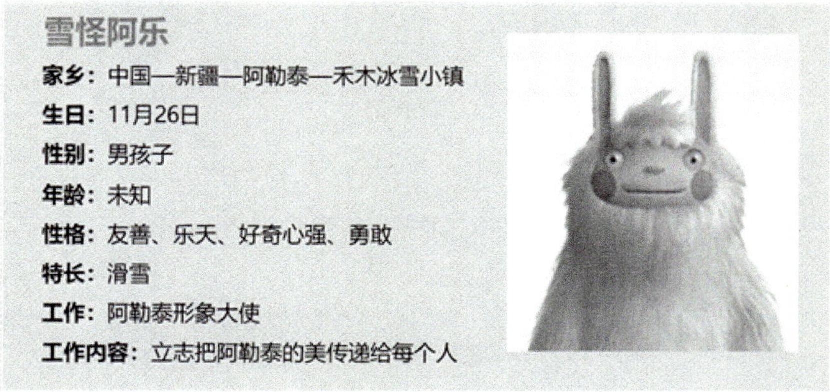

图 6－8　雪怪阿乐的介绍

通过打造阿勒泰旅游形象大使“雪怪阿乐”IP 的创新形式，重新整合阿勒泰冬季旅游丰富独特的冰雪与民俗资源，丰富完善冬季旅游产品的内涵及价值，从而带动阿勒泰冬季旅游发展。同时通过将文化资源转化为旅游产品，为旅游产品附以文化价值，带来可持续发展及经济转化的综合效益。

2. 雪怪阿乐的诞生过程

设计团队根据禾木冬季旅游开发需求和景区当地的民俗风情，以国际上最受大众欢迎的吉祥物造型精心创作而成。“阿乐”之名寓意为阿勒泰的快乐宝贝，其形象集合了喀纳斯神秘白熊、禾木牧民孩子的笑颜、冬季洁白的雪、喀纳斯湖碧蓝的湖水，还有原始牧民滑雪的毛皮滑雪板等元素，融合汇聚成现在这只有点蠢萌又有点滑头的雪怪形象（见图 6－9）。

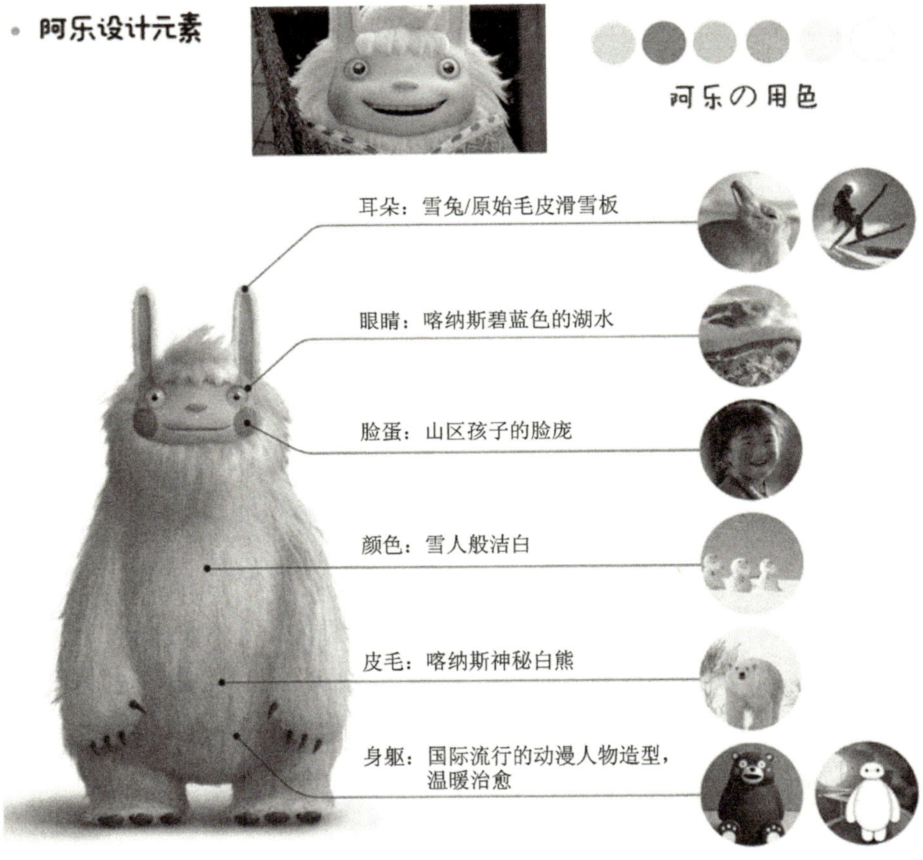

图 6－9　雪怪阿乐的设计与诞生

阿乐不仅形象化地代表了中国雪都阿勒泰的风情，更契合当下流行的治愈系审美潮流，诸如大白、熊本熊等风靡世界的卡通人物，有着温暖而柔软的力量，可爱又有个性，对于当下现代人渴望挣脱压力，追求自由个性的心理有着很强的情绪对应。

在色彩风格上，相较于明亮饱和的色彩，阿乐更重视当下时尚与艺术的趋向“莫兰迪色系”的运用，使得阿乐的色彩不完全饱和，给人以温柔亲和之感，像冬日里的一杯热奶茶，像冰原里泛起暖雾的温泉，像家中温度刚刚好的壁炉，让人感到舒适与祥和。

3. 雪怪阿乐系列衍展

表情包：阿乐的性格设定是一个热情好动、善良勇敢的小男孩，他擅长滑雪，是个吃货，让人第一眼就会产生想要去拥抱的冲动。表情包作为当下移动媒体、社交网络运用最频繁的元素，可以帮助阿乐快速走向大众，获取用户关注。

滑雪达人：阿乐作为吉祥物的一大重要职责就是推广滑雪，这个胖胖圆圆的萌物一旦出现在雪场，便如入无人之境，风驰电掣可谓雪上飞。他迅猛的身姿，夸张的表情，将滑雪更加娱乐化，让非专业的滑雪人士甚至从未接触过滑雪的人因为“他”营造出的快乐滑雪的氛围而来到阿勒泰尝试滑雪，从而打开外界认识这座优质雪场的新大门。

阿乐小屋：这是为阿乐量身打造的家，里面生活用品一应俱全，所有的装修细节与生活用品都讲述着其主人的生活日常，充满了温馨与细腻的烟火气，让卡通人物不再停留于画面上，而是作为我们身边的生命，与我们一同生活着（见图 6－10）。

图 6－10　阿乐小屋

阿乐周边：由点及面，阿乐憨态可掬的形象和清新文艺的色彩，还适用于各种周边产品的设计和推广，已经开发的产品从公仔玩偶到文具用品，从时尚配饰到创意家居不一而足……其意义也从旅游纪念延伸到生活方式的构建，逐步深入人们的娱乐生活。

4. 雪怪阿乐的营销推广

首先，实现品牌差异化，快速建立品牌联想和识别。阿乐的形象设计、人设定位、故事构建全部基于阿勒泰旅游及文化元素。同时，为了让阿乐成为真实存在的生物，在著名景区喀纳斯为阿乐建造了阿乐的家，并将景区内的禾木村打造为冰雪精灵小镇，小镇内随处可见阿乐的身影，为游客带来沉浸式的童话体验，让游客见到阿乐就想到阿勒泰。

其次，提升商业信息到达率和接受度。拒绝是游客的天性，而经过萌化的卡通 IP 形象，则是让游客卸下防护盾，开启商业信息接收大门。为此，不仅在阿乐的设计上体现萌态，还在一系列宣传中均展现其可爱呆萌的一面。阿乐的呆萌不仅体现在平面上，更渗透到了各项线下活动中。宣传期间，将阿乐做成可穿戴的人形玩偶，与 300 名特邀嘉宾展开了为期 8 天的新疆冰雪之旅，旅途中，嘉宾们每到一站都期待着阿乐会带来怎样的互动。

5. 雪怪阿乐的传播策略

以线上线下结合的方式，通过阿乐神秘现身、C 位出道、认真工作、多面亮相的节奏，多维度进行宣传。与网易合作，利用其全媒体平台在网站、APP 搭建专题，全面植入阿乐，以视频、文字、图片等方式全方位报道。

6.6 旅游 IP 形象品牌体系构建及营销推广经验总结

1. 开发并推广具有旅游目的地代表性的旅游 IP 形象

充分挖掘当地的文化、资源或者特有要素打造旅游目的地吉祥物，使吉祥物成为目的地独一无二的旅游 IP 形象代表，使其与旅游目的地产生有机联系和联想。吉祥物性格充分考虑市场需求，迎合当下人们的情感诉求、价值追求，比如萌、懒、贱、搞笑、个性等。

2. 以政府为主导，多方协同配合推广旅游目的地旅游品牌

以政府为主导，多方协同配合，线上与线下结合，依托传统的营销手段和新媒介、新渠道结合创意营销，“请进来”与“走出去”并举，引发全员参与并有针对性地进行全域营销。各级政府部门及旅游主管部门在以旅游吉祥物为主题的推广活动中实现了横向的部门协作、纵向的层级联动，从政府到企业、媒体、社会广泛参与，形成了大外宣工作新格局。同时积极使用新媒介、新渠道对目标客源地进行精准营销，并积极采用跨界营销来进行推广。

3. 将旅游吉祥物放置在日常场景中，使其充分而多维度地展示旅游目的地

旅游吉祥物既是旅游目的地形象的高度凝练，也是当地资源与特色元素的代表，打造人物身份、生活场景、工作场景，以吉祥物为载体，虚实结合，结合当地特点因势利导创造虚拟形象共同构建产品体系，全面营销推广整个区域。紧跟世界热点，不间断营销，引发受众的持续关注。在营销推广过程中，紧跟时事热点，持续吸引受众的目光。

4. 不断开发周边产品及拓展吉祥物存在空间

各种旅游吉祥物均有着憨态可掬的形象和清新文艺的色彩，适用于各种周边产品的设计和推广，已经开发的产品从公仔玩偶到文具用品，时尚配饰到创意家居不一而足……其意义从旅游纪念延伸到生活方式构建，逐步深入人们的娱乐生活，提升了商业信息到达率和接受度。

本章小结

旅游IP打造要与当地的文化、资源或者特有要素相结合，易产生有机联系和联想，使吉祥物成为目的地独一无二的代表。

吉祥物性格打造要考虑市场需求，迎合当下人们的情感诉求、价值追求，比如萌、懒、贱、搞笑、个性等。一个丰满、多元、有优点、有缺点的人物性格和形象，更真实，与大众更贴近。完美单薄的人设，有距离感，不能引起共鸣。

在营销方式上，为吉祥物打造人物身份、生活场景、工作场景，在日常场景中展示旅游目的地，更能让受众接受。只把吉祥物当成推介会的配角和摆设，难以吸引受众。

营销需要持续不间断的营销活动，长期的投入，持续的爆点，不断引起公众关注。

借势进行跨界营销及品牌合作，催生衍生品，扩大 IP 的影响力和受众范围。

在传播方式上采用全方位、多维度的传播策略，并有针对性地使用最能触发受众的渠道。

政府的主导或者配合并引导全员营销，使得本土产生目的地认同更有利于品牌体系构建及有效推广。

附录1 黑龙江省旅游品牌和产品游客认知调研

先生/女士:您好！我们正在为黑龙江省做旅游品牌和产品的游客认知调研,以便为游客提供更好的产品与服务。相关内容将严格保密。感谢您的大力支持！

Q1.【多选】您是和谁一起到黑龙江旅游?

情侣	夫妻	父母	孩子	朋友/同学	同事	自己	亲戚	其他__

Q2.【单选】您此次在黑龙江游玩多长时间?

1天	2～3天	4～5天	6天及以上

Q3.【多选】您对黑龙江是什么样的印象?

寒冷的	自然生态的	震撼的	壮美的	景色丰富的	自由自在的	异国风情的
五谷丰登的	最北方的	历史悠久的	惊艳的	狂野的	新奇的	悠闲的
时尚的	浪漫的	凉爽的	厚重的	豪爽的	壮观的	遥远的
独一无二的	粗犷的	阳刚的	热情的	传统的	粗糙的	宏大的
欢乐的	神奇的	陌生的	其他__			

Q4.【多选】提到黑龙江,您最感兴趣的旅游资源是什么?

冰雪资源	森林生态	湿地湖泊	火山地质
民族民俗文化	界江界湖	农场风光、现代农业	历史文化遗迹(古驿路、中东铁路等)
城市风情	中俄边境风情	乡村风情	地理极点(华夏东极、神州北极)
文化演艺	美食特产	博物馆/陈列馆	其他__

Q5.【多选】您希望在黑龙江获得哪些体验价值？

欣赏自然风光	品尝特色美食	与动物亲密接触	康疗养生	回顾知青生活
休闲放松	体验当地生活	认识新朋友	呼吸新鲜空气	知识学习
户外运动	了解异地文化	接受红色教育	其他__	

Q6.【多选】以下黑龙江冰雪景区景点，您对哪些感兴趣？

冰雪大世界	太阳岛雪博会	亚布力滑雪旅游度假区	中国雪乡（双峰林场）
北极村及北极圣诞村	凤凰山	镜泊湖冬捕、冰瀑	哈尔滨市区内温泉
扎龙湿地雪地观鹤	带岭大箐山雪凇	五大连池	中国雪村威虎山
大庆林甸及杜蒙连环湖温泉	帽儿山滑雪场	红星库尔滨雾凇	虎峰岭
吉华长寿山滑雪场	齐齐哈尔冰球体验	其他__	以上都不感兴趣

Q7.【多选】以下冰雪旅游玩法，您对哪些感兴趣？

冰雪艺术：冰雕、雪雕、冰灯		
冰雪娱乐：雪地摩托、雪地卡丁车、雪地自行车、雪橇、雪圈、冰爬犁、冰车、冰钓、抽冰尜、冰帆		
大众冰雪运动：滑雪、攀冰、冰上溜石、冬泳、登雪山、冰雪徒步		
专业冰雪运动：冰壶、冰球	冰雪试驾	冰雪景观：冰瀑、冰挂雾凇
冰雪文艺：冰雪实景演出、冰上舞蹈、体操、模特秀	其他__	以上都不感兴趣

Q8.【多选】以下黑龙江自然景区景点（山地森林、湿地湖泊），您对哪些感兴趣？

五大连池	五营国家森林公园	汤旺河奇石林海	上甘岭溪水国家森林公园	
凤凰山	扎龙湿地	火山口地下森林公园	嘉荫恐龙国家地质公园	茅兰沟国家森林公园
镜泊湖	兴凯湖	雁窝岛湿地	黑瞎子岛湿地公园	大庆连环湖
龙江三峡	南瓮河湿地	千鸟湖湿地	哈尔滨万顷松江湿地	
呼兰河口湿地公园		其他__	以上都不感兴趣	

Q9.【多选】以下山地森林与湿地湖泊旅游玩法，您对哪些感兴趣？

森林避暑	自然生态研学	森林自驾越野	徒步穿越	森林湖域美食品鉴、购买	
登山攀岩	森林/湖域野炊露营	火山地质探秘	森林木屋住宿	山地森林、湖域实景演出	
低空飞行	高空蹦极	玻璃栈道	山地高空滑索	水上娱乐（水上滑翔伞等）	矿泉理疗
乘船观景	湖域垂钓	湿地摄影观鸟	湖港沙滩休闲	其他__	以上都不感兴趣

Q10.【多选】以下黑龙江文化、历史，城市、边境景区景点，您对哪些感兴趣？

黑龙江省博物馆	中央大街	索菲亚大教堂	哈尔滨大剧院
铁人王进喜纪念馆	伏尔加庄园	老道外中华巴洛克风情街	关东古巷
新生鄂伦春民族乡	街津口赫哲族风情村	哈尔滨百年哈啤文化旅游区	瑷珲历史陈列馆
二人转剧场	东北虎林园	海林横道河子俄罗斯风情小镇	百年中东铁路旧址
太阳岛	波塞冬水世界	侵华日军第七三一部队旧址	古驿路文化遗迹
东宁要塞	东极广场	威虎山林海雪原及杨子荣红色资源	珍宝岛
哈尔滨极地馆	北极村	东北特色美食(齐齐哈尔烤肉等)	绥芬河-符拉迪沃斯托克出境游
黑河-布市出境游	哈巴罗夫斯克	其他__	以上都不感兴趣

Q11.【多选】以下各种玩法，您对哪些感兴趣？

博物馆 VR、AR 游览讲解体验	特色主题文创纪念品购买	非遗手作工坊体验	音乐主题现场教学互动
原生态民族民俗风情体验	网红店打卡	品鉴美食	城市风情体验
城市漫步	城市夜游	其他__	以上都不感兴趣

Q12.【多选】以下黑龙江农业乡村旅游景区景点，您对哪些感兴趣？

雪乡雪村冰雪民俗体验	北极村	北大荒农机博览园/北大荒现代农业园
八五三、八五四农场	抚远赫哲渔村	建三江万亩大地号
五常稻乡王国主题乐园	佳木斯七星农场	农垦九三豆都
五常稻花香生态旅游体验区	亚布力青山村农家乐聚集区	哈尔滨市及周边有机农业生态体验园
北大荒宁安现代农业观光景区	其他__	以上都不感兴趣

Q13.【多选】以下农业乡村游玩法，您对哪些感兴趣？

现代农业体验	果蔬采摘	农家饭制作、品尝	农活体验	农家节庆、庙会体验
农田认领	农场观光	特色农业工艺品购买	特色农副产品购买	少数民族风情体验
稻田蟹垂钓	其他__			以上都不感兴趣

Q14.【多选】您觉得黑龙江旅游是什么色彩的？

生态绿	湖水蓝	厚重灰	浪漫紫	丰收黄	冰雪白	热情红	火山黑	时尚橙	其他__

Q15.【单选】您认为以下哪些是黑龙江的代表性动物？

东北虎	丹顶鹤	狍子	驼鹿	紫貂	猞猁	水獭
梅花鹿	黑熊	天鹅	豹	白鲸	企鹅	其他__

Q16.【多选】如果将黑龙江旅游吉祥物拟人化，您觉得它是什么样的人物性格？

热情的	大胆的	温和的	有冒险精神的	活泼的	亲切的	善良的	机敏的	耿直的	豪爽的
幽默的	聪明的	害羞的	开朗的	神秘的	天真的	调皮的	鲁莽的	搞怪的	其他__

Q17.【多选】您对哪种旅游纪念品感兴趣？

具有民族特色的	具有纪念价值的	具有升值空间的	具有实用功能的	造型精美的
奇特稀缺的	装饰艺术品	个性定制品	其他__	

Q18.【多选】如果为黑龙江旅游吉祥物设计周边产品，您希望购买哪种？

玩偶	帽子	T 恤	钥匙链	U 盘	明信片	挂坠	遮阳伞
手办	零钱包	杯子	手机壳	眼镜盒	冰箱贴	其他__	

Q19.【多选】您对以下哪些旅游节庆活动感兴趣？

冰雪节	夏夜狂欢节	消夏避暑节	音乐节	啤酒节	滑雪节
农民丰收节	年货节	美食节	冬捕节	中俄文化旅游节	湿地文化节
采摘节	杂技节	开江节	漠河极光节	齐齐哈尔观鹤节	森林生态漂流节
绥芬河灯节	五大连池圣水节		太阳岛雪博会	雪乡旅游节	其他__

Q20.【多选】您对以下哪些城市印象比较好，愿意去玩？

哈尔滨市	齐齐哈尔市	牡丹江市	大庆市	鹤岗市	绥化市	大兴安岭地区
双鸭山市	伊春市	黑河市	佳木斯市	鸡西市	七台河市	

Q21.【多选】您一般会因为什么选择去一个目的地旅游？

风光图片很漂亮	宣传片有意思	攻略软文有吸引力	热点事件有创意	
优惠活动力度大	知名明星代言	影视剧软植入	综艺/真人秀等电视节目植入	
很多朋友推荐	大量的电视广告	旅游短视频有意思	有趣的人文故事	其他__

Q22.【多选】您来黑龙江旅游之后，认为黑龙江旅游发展还需加强的地方有哪些？

道路条件有待提升	景区服务有待改善	购物场所有待规范	住宿条件有待提升	旅游体验有待丰富
通信网络有待提升	导游服务有待改善	饮食品质有待加强	其他__	

Q23. 您认为黑龙江旅游应再丰富发展哪些体验项目？

____

附录 2　黑龙江省旅游资源概况表

黑龙江省旅游资源概况表（按国家标准的资源分类法）

分　类	资源概况
地文景观	自然景观综合体（山丘型景观）、自然标记与自然现象（自然标志地）
内容	山岳形胜、岩溶景观、风沙地貌、海滨沙滩、特殊地质现象和地貌类型等
代表资源项	凤凰山、虎峰岭、华夏东极、神州北极等
水域景观	湖沼（湿地湖域）、河系（游憩河段）、冰雪地
内容	河流、湖泊、瀑布、泉水、溪涧、冰川、滨海、冰雪地等
代表资源项	五大连池、扎龙湿地、镜泊湖、兴凯湖、雁窝岛湿地、黑瞎子岛湿地公园、大庆连环湖、龙江三峡、千鸟湖湿地、哈尔滨万顷松江湿地、呼兰河口湿地公园、冰雪大世界、太阳岛雪博会（雪雕）、亚布力滑雪旅游度假区、中国雪乡（双峰林场）、镜泊湖冬捕、冰瀑、哈尔滨市区内温泉、扎龙湿地雪地观鹤、中国雪村威虎山、大庆林甸及杜蒙连环湖温泉、帽儿山滑雪场、吉华长寿山滑雪场、齐齐哈尔冰球体验等
生物景观	植被景观（林地）、野生动物栖息地
内容	森林、草原、珍稀树种、奇花异草、珍禽异兽
代表资源项	五营国家森林公园、汤旺河林海奇石、上甘岭溪水国家森林公园、火山口地下森林公园、嘉荫恐龙国家地质公园、茅兰沟国家森林公园等
天象与气候	天气与气候现象（云雾多发区）
内容	适宜于避暑避寒疗养治病的气候及特殊天象景观，如极地极光等
代表资源项	带岭大箐山雪凇、红星库尔滨雾凇、北极村极光等
建筑与设施	人文景观综合体（文化活动场所、基地与纪念活动场所）、实用建筑与核心设施（特色街区、特色屋舍、景观农田、牧场、林场、养殖场）
内容	城乡风貌——具有视觉形象的历史文化名城、独具特色的现代都市风光，具有清新质朴的田园风光、古镇村落等。 现代人造设施——富有特色、规模较大、有某种特殊意义和影响力的大型工程及文化设施。 民族文化及其载体——主要包括可视、可感、可参与的特殊民俗礼仪、习俗风情、节日庆典、民族艺术和工艺等

续表

分　类	资源概况
代表资源项	哈尔滨大剧院、伏尔加庄园、老道外中华巴洛克风情街、哈尔滨极地馆、关东古巷、黑龙江省博物馆、铁人王进喜纪念馆、瑷珲历史陈列馆、新生鄂伦春民族乡、街津口赫哲族风情村、北极村及北极圣诞村、哈尔滨百年哈啤文化旅游区、雪乡雪村冰雪民俗体验、抚远赫哲渔村、建三江万亩大地号、五常稻花香生态旅游体验区、哈尔滨市及周边有机农业生态体验园(香坊农业观光景区、绿世界生态体验基地、东金有机葡萄采摘园、丁香岛生态乐园、普罗旺斯薰衣草庄园)、北大荒宁安现代农业观光景区等
历史遗迹	物质类文化遗存、非物质类文化遗存
内容	历史遗迹、建筑遗址、石窟石刻等
代表资源项	中央大街、索菲亚大教堂、侵华日军第七三一部队遗址、古驿路文化遗迹、百年中东铁路旧址等
旅游购品	农业产品、手工工艺产品
内容	饮食购物,包括各种地方风味美食、特产名品、特色市场与著名店铺等
代表资源项	东北特色美食(齐齐哈尔烤肉、大庆坑烤等)、黑龙江特色山珍、粮食产品、黑龙江传统手工艺产品如非遗鱼皮画、桦树皮工艺品等
人文活动	岁时节令(现代节庆)
内容	有影响的国际性体育和文化事件
代表资源项	哈尔滨国际冰雪节、中国雪乡旅游节、中国伊春森林冰雪欢乐季、中国兴凯湖冰雪越野汽车拉力赛、北极漠河冬至节暨圣诞节、太阳岛国际雪雕艺术博览会、大庆市雪地温泉节等

附录3　黑龙江省现有节庆活动表

黑龙江省现有节庆活动表

地　市	节庆名称	季　节	时　长	规　模	主　题
哈尔滨	“迷人的哈尔滨之夏”旅游文化节	夏	4个月	规模大，时间长，持续了近4个月，覆盖全市，30多项重点活动，50多条精品线路，100余项活动	生态、音乐、啤酒、美食、历史文化、时尚、体育
	哈尔滨丁香节	春夏	1个月	哈尔滨全市九区丁香总量为134万株，丁香节为期1个多月	花卉、音乐、老建筑、美食、摄影、图展、诗歌创作
	中国国际西餐文化节	夏	2～4日	规模大，邀请国际西餐组织、休闲餐饮新业态、休闲餐饮品牌企业家、优质产业链企业等参加	绿色食品展览，西餐烹饪比赛，食材品鉴
	老街音乐汇	夏秋	近5个月	举办时间长，持续近5个月，举办地点多，在西四道街、西十一道街、西十四道街、建筑艺术广场每天各演出两场，马迭尔阳台每天演出一场	西洋器乐演奏、歌舞
	哈尔滨啤酒节	夏	1～2个月	国内三大啤酒节之一，已举办18届，表演活动丰富	DIY精酿啤酒、啤酒达人大赛、体感游戏、音乐、美食
	哈尔滨五花山赏秋节	秋	近2周	哈尔滨市旅游委推出森林生态体验之旅、休闲度假养生之旅、音乐艺术浪漫之旅和农业观光采摘之旅4大主题23条秋季旅游线路	养生、观光、采摘

续表

地市	节庆名称	季节	时长	规模	主题
哈尔滨	“哈尔滨之夏”音乐会	夏	近2周	活动分为4大板块、8大项、50小项，中央歌剧院等20余个国内外专业演出团体参加演出。全市范围内设置了50个群众文艺大舞台，举办“万众乐享”“律动夏都”老街音乐汇等大型广场演出和惠民文艺演出活动，每天演出超过百场	音乐剧、音乐比赛、艺术演出
	哈尔滨国际冰雪节	冬	1个月	我国历史上第一个以冰雪活动为内容的国际性节日，黑龙江的拳头节庆产品，与日本札幌雪节、加拿大魁北克冬季狂欢节和挪威奥斯陆滑雪节并称世界四大冰雪节	各类冰雪比赛、冰雕、摄影、艺术节
	中国黑龙江国际滑雪节	冬	1个月	创办于1998年，是国家级、国际性的旅游节庆活动	滑雪表演、比赛，冰灯艺术博览会，雪上风情游园会，雪具展览
	哈尔滨轮滑马拉松世界杯	夏	1～3日	WIC组织和国家体育总局指导下举办的比赛，规模大	轮滑比赛
齐齐哈尔	齐齐哈尔观鹤节	夏	2周	首届始于1992年，是集招商引资、产品展销、经贸洽谈、文化活动、旅游观光于一体的大型国际性商旅文化节庆。有30多个国家及中国港、澳、台等地区的3万多名客商云集鹤城，影响力大	经贸洽谈、产品展销、文化活动、旅游观光
	齐齐哈尔冰雪游览会	冬	近3个月	规模大，持续时间长	商贸洽谈、旅游观光
	碾子山区：全国山地露营大会	夏	1～2天	在雅鲁河畔与蛇洞山间的雅鲁河国家湿地公园露营地举行，规模较大。吸引了来自四面八方省内外浩浩荡荡的户外达人、徒步发烧友、驴友	音乐、比赛、美食、游戏、摄影
	碾子山区：赏花节	春夏	1个月	碾子山被称为齐齐哈尔的香格里拉，这里距中心城区直线距离约90公里，大小山头170余座，蜿蜒起伏连绵不绝	赏花

续表

地市	节庆名称	季节	时长	规模	主题
大庆	中国(大庆)湿地旅游文化节暨中国林源生态小镇山地自行车赛	夏	1～2天	吸引了来自全国各地及香港特别行政区的众多山地自行车运动员和骑行爱好者们纷纷报名参加	生态旅游、体育比赛
	中国(大庆)雪地温泉节	冬	2个月	齐齐哈尔市委、市政府打造的旅游文化品牌，是落实“冰天雪地也是金山银山”指示精神的重要举措	温泉、渔猎、冰雪赛事、冰雪活动
伊春	中国伊春森林生态旅游节	夏	约2周	“旅游＋”的领域、产业更加广泛。“旅游＋文化”“旅游＋体育”“旅游＋会展”等产业融合发展得到彰显，有效地促进了经济社会的发展	自驾、骑行、画展、文艺汇演、帐篷节、体育赛事、音乐会、美食节等
	伊春森林冰雪欢乐季	冬	2个多月	黑龙江广播电视台、香港卫视、东北网、新浪网、今日头条、《新晚报》等主流媒体和省内大型组团旅行社、研学机构、网络达人及体验游客共3000多人参加开幕式，影响力大	冬泳、滑冰、冬钓、冰雪娱乐、雪雕、表演
佳木斯	佳木斯市三江杏花节	春	2周	设置开幕式、旅游、文娱、美食、住宿、购物、交通和“文旅＋”8个板块，吸引了十万余名中外游客	赏花、休闲
	佳木斯三江国际旅游节	夏	3～5天	创办于1992年，参加旅游节的有来自各个国家和国内各界人士，以及开发建设北大荒的上海、南京、杭州、哈尔滨的老知青	文艺会演、产品展销、招商引资、人才交流
牡丹江	2019开湖节暨第三届火山熔岩苔地杏花节	春	10天	在牡丹江镜泊湖187平方公里的熔岩苔地上，遍布着成千上万棵野生杏树，持续时间10天，规模大	开湖、赏花、休闲
	镜泊湖金秋节	夏秋	10天	每逢金秋节，邀请省内外及俄罗斯、独联体东南亚及欧美等地宾客数千人来牡丹江洽谈生意，观光旅游	烟火晚会、看湖灯、歌咏大会、体育竞赛、产品展销会、商品交易

续表

地市	节庆名称	季节	时长	规模	主题
鸡西	兴凯湖杏花节	春	2周	兴凯湖杏花节至今已举办了七届，已经成为密山的一张名片	赏花、休闲
	兴凯湖观鸟节	春秋	2个月	包含20余项重点活动，覆盖中俄边境城市。每年春季，都会有东方白鹳、白尾海雕等数十万只候鸟从南方飞到这里，高峰期一天能观测到10多万只候鸟，形成“飞时遮尽云和月，落时不见湖边草”的壮观景象	观鸟、休闲
	肃慎渔猎文化旅游节	冬春	2个月	依托兴凯湖湿地，展示6800年前新石器时代满族祖先肃慎人创造的渔猎文明，体验了兴凯湖的“水”文化、“鱼”魅力	史前文化、生态体验
	全国冰雪越野汽车拉力赛	冬	3天	利用兴凯湖得天独厚的冰雪运动优势，在如同玻璃般的纯冰面的赛道上，考验越野高手冰雪高速行驶控车的能力和驾驶乐趣	观赛、汽车极限挑战
	兴凯湖摇滚马拉松	夏	2～3天	赛事设全程马拉松、半程马拉松、欢乐跑（约6公里）三个项目，用脚步和汗水张扬活力，共享激情马拉松与律动摇滚乐带来的狂欢盛宴	马拉松比赛、观赛、音乐
	兴凯湖全国桨板公开赛	夏	3天	赛场整体环境优越，兴凯湖风浪适中，水域纵深坡度平缓，非常适合桨板等水上划行冲浪运动。赛事保障专业度高，专业竞技与业余体验并重，极大地丰富了市民的参与度，让人们更好地感受泛舟弄潮的无限激情	水上比赛、观赛、休闲
	虎林荷花节	夏	1个月	“北国娇子虎林莲，塞外秀色别有天。风吹荷香千里外，不似江南胜江南”。每适盛夏，全国面积最大的寒地野生荷花聚生地——虎林市月牙湖内，万亩野荷竞相绽放，呈现出塞外奇绝的生态景观。荷花节已举办多届，是集赏荷、招商、汇演、品美食等项目的综合性节庆活动	观荷、休闲、观演、美食、避暑

续表

地市	节庆名称	季节	时长	规模	主题
鸡西	兴凯湖公路自行车赛	夏	3～5天	42.4公里的沿湖自行车赛道，沿途经过大小兴凯湖、新开流文化遗址、十里杏花林、鲤鱼岗、白鱼湾、古渡口、泄洪闸等景点，选手们在享受竞技快感的同时也能感受兴凯湖的山水魅力	骑行、观光、休闲
	冰雪欢乐汇活动	冬	2个月	推出8项冰雪节庆赛事活动以及62项冰雪活动，吸引了来自俄罗斯、朝鲜、韩国的外国旅客来参加活动	冬捕、冰钓、冰雪汽车运动、摄影艺术、民俗文化
大兴安岭	国际冰雪汽车越野赛	冬、春	1～2天	比赛场地分别设在漠河市区老槽河和北极村中俄界江江面上举行，是纯自然的冰雪赛道，非常具有挑战性，规模大	越野赛，赏玩冰雪，体验极寒
	北极光节	夏	1～2天	在漠河举办，开幕式当天吸引来自世界各地游客和摄影爱好者2万多人次	摄影、美食、篝火
	中国·漠河杜鹃花节	春	2周	包括杜鹃花海徒步大赛、杜鹃花海快闪表演、杜鹃花海精品线路推介等活动，有网红主播通过快手、抖音、火山小视频等自媒体直播平台对活动进行网络直播	赏花、休闲
	开江主题文化周活动	春	1周	由呼玛县人民政府主办的开江主题文化周活动在呼玛县举办	艺术表演、品江鱼、篝火晚会、农贸大集、摄影
黑河	五大连池达子香艺术节	春	约2周	4月末至5月，在五大连池龙门石寨景区，同时推出踏春赏花线路	观光、踏春
	五大连池火山圣水节	夏	1～2天	圣水节举办引爆了五大连池景区的夏季旅游。据旅游部门统计，历时3天的节庆活动将吸引10余万人进入景区	祭典、文艺、音乐、水秀、摄影展、相亲节目

续表

地 市	节庆名称	季 节	时 长	规 模	主 题
双鸭山	芝樱花观赏节	春	约 2 周	5 月 15 日至 6 月上旬青山国家森林公园举办“芝樱花观赏节”，除了赏花外，游客还能体验逛庙会、参与亲子活动等系列活动	赏花、休闲
鹤岗	鹤岗市梨花节	春	10 天	持续时间 10 天，规模较小	赏花、休闲

附录 4　黑龙江省入选 2017—2018 年中外避暑旅游目的地及排名

2017 中外避暑旅游目的地排名

一、2017 中国避暑名城排名(TOP10 及 TOP100 中黑龙江所属城市)

- 03 夏日圣地——黑龙江省哈尔滨市
- 07 世界农都——黑龙江省北大荒农垦城市群(以红兴隆为标志)
- 28 北亚林邦——黑龙江省大兴安岭地区
- 35 沃土舞鹤——黑龙江省齐齐哈尔市
- 42 欧亚之窗——黑龙江省黑河市
- 48 船歌迎曦——黑龙江省佳木斯市
- 49 雪乡林海——黑龙江省牡丹江市
- 61 珍岛凯湖——黑龙江省鸡西市
- 62 寒疆沃土——黑龙江省双鸭山市
- 64 跨国三峡——黑龙江省鹤岗市

二、2017 中国避暑名山排名

- 70 鹅腹蝶影——黑龙江五常张广才岭凤凰山

三、2017中国避暑休闲百佳县排名(TOP100中黑龙江所属县)

- 03 酷美田园——黑龙江红兴隆垦区新城
- 36 关开路带——黑龙江省佳木斯市同江市
- 39 欧风边埠——黑龙江省牡丹江市绥芬河市
- 44 首迎紫气——黑龙江省佳木斯市抚远市
- 47 北亚天府——黑龙江建三江垦区新城
- 49 稻海渔宫——黑龙江牡丹江垦区
- 56 午夜晨曦——黑龙江省双鸭山市饶河县
- 60 黑土画卷——黑龙江宝泉岭垦区新城
- 63 神农华章——黑龙江九三垦区新城
- 74 奇美镜泊——黑龙江省牡丹江宁安市
- 96 乌苏正源——黑龙江省鸡西市虎林市

2018中外避暑旅游目的地榜单

一、2018中国避暑名城榜排名(TOP10及TOP100中黑龙江所属城市)

- 03 夏日圣地——黑龙江省哈尔滨市
- 09 世界农都——黑龙江农垦田园城镇群
- 17 北亚林邦——黑龙江省大兴安岭地区
- 31 欧亚之窗——黑龙江省黑河市
- 33 船歌迎曦——黑龙江省佳木斯市
- 37 沃土舞鹤——黑龙江省齐齐哈尔市
- 40 中国林都——黑龙江省伊春市
- 50 寒疆沃土——黑龙江省双鸭山市
- 54 雪乡林海——黑龙江省牡丹江市
- 64 珍岛凯湖——黑龙江省鸡西市

- 67 跨国三峡——黑龙江省鹤岗市

二、2018 中国避暑名山榜排名

- 96 鹅腹蝶影——黑龙江五常张广才岭凤凰山

三、2018 中国避暑休闲百佳县榜排名(TOP100 中黑龙江所属县)

- 04 田园摩尔——黑龙江红兴隆农垦新城
- 34 欧风边埠——黑龙江省牡丹江市绥芬河市
- 42 关开路带——黑龙江省佳木斯市同江市
- 45 首迎紫气——黑龙江省佳木斯市抚远市
- 52 北亚天府——黑龙江建三江农垦新城
- 54 稻海渔宫——黑龙江牡丹江农垦新城
- 58 午夜晨曦——黑龙江省双鸭山市饶河县
- 68 黑土画卷——黑龙江宝泉岭农垦新城
- 74 神农华章——黑龙江九三农垦新城
- 77 奇美镜泊——黑龙江省牡丹江宁安市
- 97 乌苏正源——黑龙江省鸡西市虎林市

附录 5 “高铁游龙江”产品介绍

1. 哈大齐高铁线

- “精彩在鹤乡”一日游：主要参观省著名企业飞鹤牧场、游览 5A 级扎龙自然保护区，午餐品尝正宗烤肉，参观和平广场。
- “相约阿木塔”一日游：游览我省具有草原风情的景点景区，体验骑马、射箭、赛马、赛狗等蒙古风情，相信会别有一番韵味。
- “邂逅连环湖”一日游：景区设施设备完善、温泉养生、湖景奇异。
- “豪情碾子山”一日游：带您走进军事主题文化园、世界马拉松赛场，午餐品尝地道的地锅炖。
- “多彩在大庆”一日游：主要参观铁人纪念馆、石油馆、博物馆等，以研学、红色历史教育为主。
- “酷玩鹤鸣湖”一日游：主要游览扎龙湿地，观鹤等。
- “相约阿木塔”与“邂逅连环湖”连线二日游产品，“酷玩鹤鸣湖”与“精彩在鹤乡”连线二日游产品：使得产品既有风情游览参与活动，又有泡温泉养生休闲，放松心情、调整身体，为下一周更好地工作提供保障。

2. 哈佳快速铁路线

- “神奇罗勒密”一日游：秀丽的石峰，奇松怪石，有毫无污染而清澈的高山河流，是回归大自然的绝佳选择，投入大森林的怀抱，观赏青山碧水，是森林生态旅游观光、避暑度假的旅游胜地。在此基础上还有莲花湖二日游。

- “醉美在萝北”二日游：分为名山二日游和太平沟二日游，还可升级为名山和太平沟连线三日游，让游客放慢脚步好好欣赏中俄界江最美的一段风景，其美景不亚于长江三峡。

3. 哈牡绥客运专线

- “生态小九寨”一日游：只有乘坐高铁才能完成的旅游产品，景区内茂密的原始森林红松成片，苍天古树高大挺拔，各种奇花异草相互辉映，林中环境古朴清幽，由于落差较大、多处跌水，从而形成了我国东北罕见而壮观的瀑布群。花香袭人，鸟鸣于涧，其秀丽的自然风光如人间仙境。
- “百年古镇游”：横道河子镇是中东铁路时期重要的火车站，因河有名，又因站有镇。现在的横道河子有着百年古镇、油画之乡、俄罗斯风情小镇等美誉，现存俄式建筑200余处，其中我国现存唯一一处木制东正教堂“圣母进教堂”和中东铁路“扇形机车库”建筑更是远近闻名。
- 虎峰岭二日游：是走进大自然，投入大森林的怀抱，观赏绿水青山的好地方。
- “边城绥芬河”和“东宁小江南”在一日游的基础上还有二日游：此线路把黑龙江省两个重要的陆路口岸城市连在一起，既能看到山城的壮丽，又能欣赏到江南的美景，中东铁路的历史文化、中共六大秘密通道、第二次世界大战最后的战场、口岸边境线上的风光、中俄贸易市场的景象、登上制高点远眺俄罗斯，加上俄式西餐的品尝，相信会别有一番韵味。
- “清爽亚布力”一日游：既有山景又有水美，加上高铁安全便捷的优势，游玩时间大大增加，充足尽兴。
- “鲜到牡丹江”一日或二日游：主要游览省著名的镜泊湖景区、镜泊峡谷等，参观红星乳业，正所谓“真山真水真精彩，木耳蘑菇红星奶”。

4. 哈尔滨城市游

- 有“激情波塞冬”“东方小巴黎”“伏尔加庄园”三个产品：带您体验真正的北国风情，既有历史文化的展示，又有不一样的感受。

（资料来源：东北网，“周末游龙江”——高铁游吸引省内游客“串门”，https://baijiahao.baidu.com/s?id=1638557264629837992&wfr=spider&for=pc，2019-07-09）

参考文献

[1] Nigel Morgan，Annette Pritchard，Roger Pride. 旅游目的地品牌管理[M]. 杨桂华，等译. 天津：南开大学出版社，2006.

[2] 张红明. 品牌人格化——品牌价值实证研究[M]. 武汉：华中科技大学出版社，2007.

[3] 张锐，张众. 品牌学——理论基础与科学发展[M]. 北京：中国经济出版社，2007.

[4] 孙曰瑶，刘华军. 品牌经济学原理[M]. 北京：经济科学出版社，2007.

[5] 贾昌荣. 品牌王道[M]. 北京：中国经济出版社，2008.

[6] 王成荣. 品牌价值论——科学评价与有效管理品牌的方法[M]. 北京：中国人民大学出版社，2008.

[7] 余明阳，罗文军. 品牌竞争力[M]. 武汉：武汉大学出版社，2008.

[8] 凯文·凯勒. 战略品牌管理[M]. 4 版. 北京：中国人民大学出版社，2014.

[9] 郭伟. 品牌管理：战略、方法、工具与执行[M]. 北京：清华大学出版社，2016.

[10] 苏勇，史健勇. 品牌管理[M]. 北京：机械工业出版社，2017.

[11] 约翰尼·K·约翰逊，库尔特·A·卡尔森. 现代品牌建设与管理[M]. 北京：经济管理出版社，2017.

[12] 江平. 城市品牌形象塑造与传播研究[M]. 武汉：武汉大学出版社，2018.

[13] 于春玲，赵平. 品牌资产及其测量中的概念解析[J]. 南开管理评论，2003（1）：10-13.

[14] 吉福林. 论打造城市品牌[J]. 商业研究，2004（24）：122-127.

[15] 高静. 旅游目的地形象、定位及品牌化：概念辨析与关系模型[J]. 旅游学刊，

2009,24(2):25-29.

[16] 陶犁,冯斌.关于旅游目的地品牌忠诚度的理论探析[J].经济问题探索,2010:183-186.

[17] 吴相利,韩宁.基于地方政府旅游门户网站的目的地品牌形象塑造评价研究——以我国33个省、市、区旅游官方门户资讯网站为例[J].旅游论坛,2012,5(01):92-97.

[18] 沈鹏熠.旅游目的地品牌资产的结构及其形成机理——基于目的地形象视角的实证研究[J].经济经纬,2014,31(01):112-117.

[19] 许春晓,莫莉萍.旅游目的地品牌资产驱动因素模型研究——以凤凰古城为例[J].旅游学刊,2014,29(07):77-87.

[20] 沈鹏熠.旅游目的地品牌资产的结构及其形成机理——基于目的地形象视角的实证研究[J].经济经纬,2014,31(01):112-117.

[21] 许春晓,莫莉萍.旅游目的地品牌资产驱动因素模型研究——以凤凰古城为例[J].旅游学刊,2014,29(07):77-87.

[22] 苑炳慧,辜应康.基于顾客的旅游目的地品牌资产结构维度——扎根理论的探索性研究[J].旅游学刊,2015,30(11):87-98.

[23] 沈雪瑞,李天元,曲颖.名人代言对旅游目的地品牌资产的影响研究——基于代言人可信度的视角[J].经济管理,2016,38(04):138-148.

[24] 刘丽娟,吕兴洋.基于消费者的旅游目的地品牌资产研究——以呼和浩特市为例[J].干旱区资源与环境,2016,30(10):204-208.

[25] 郭英之.基于文化软实力的旅游目的地品牌文化营销[J].旅游学刊,2013,28(01):18-20.

[26] 陈晔,李天元,赵帆.目的地网络界面对旅游者体验及品牌形象的影响[J].旅游学刊,2014,29(10):31-41.

[27] 陆朋.基于游客感知的旅游目的地品牌形象研究——以湖北省武汉市为例[J].社会科学家,2015(05):94-98.

[28] 李天元,曲颖.旅游目的地定位主题口号设计若干基本问题的探讨——基于品

牌要素视角的分析[J]. 人文地理，2010(03)：114-119.

[29] 宣秦倩. 基于区域整体利益的旅游目的地品牌营销策略研究——以环巢湖国家旅游休闲区为例[J]. 商业经济研究，2016(13)：75-76.

[30] 陈楠. 建构具有生命力的视觉识别符号——实现 IP 活化的吉祥物设计[J]. 美术观察，2019(12)：17-20.

[31] 贾舒. 成都大熊猫城市品牌培育路径研究[J]. 中华文化论坛，2018(12)：140-142.

[32] 黄金林，冯开平，陈玥冰. 新媒体环境下城市吉祥物的传播新途径[J]. 传播力研究，2018(26)：80-81.

[33] 李雪. 吉祥物经济：打造城市品牌建设的新思路——以日本熊本县吉祥物"熊本熊"为例[J]. 青年记者，2017(3)：92-93.

[34] 陈剑. 动漫吉祥物对城市形象建构与形象传播的意义[J]. 吉林艺术学院学报，2017(2)：88-92.

[35] 徐虹，梁燕. 旅游目的地品牌资产研究综述：概念、测量及理论框架[J]. 旅游论坛，2019，12(5)：83-92.

[36] 李天元，沈雪瑞. 基于顾客的旅游目的地品牌资产：国外研究述评与展望[J]. 东南大学学报(哲学社会科学版)，2013，15(6)：56-61，135.

[37] 刘丽娟，吕兴洋. 基于消费者的旅游目的地品牌资产研究——以呼和浩特市为例[J]. 干旱区资源与环境，2016，30(10)：204-208.

[38] 林娜. 旅游地品牌建设的文化价值选择与塑造——以桂林国际旅游胜地建设为例[J]. 社会科学家，2014(11)：70-74.

[39] 赵丽丽，张金山. 移动互联新时代的旅游目的地形象塑造[J]. 旅游学刊，2018，33(3)：10-12.

[40] 宋欢迎，张旭阳. 中国城市品牌形象受众感知评价研究——基于全国 36 座城市的实证调查分析[J]. 新闻界，2017(3)：33-41.

[41] 皮平凡. 基于顾客体验价值的旅游目的地品牌管理研究[J]. 开发研究，2016，183 (2)：168-172.

[42] 任国才. 旅游 IP 是怎样炼成的[N]. 中国旅游报，2017-7-4(003).

[43] 菊池宣广. "三位一体"助推动漫 IP 与旅游的"破壁"[N]. 国际出版周报，2019-7-22(14).

[44] 王诗培. 旅游商品开发要持续挖掘 IP 价值[N]. 中国旅游报，2018-7-30(004).

[45] 刘丽娟. 基于消费者的旅游目的地品牌资产——模型构建与评价[D]. 天津：南开大学，2013.

[46] 黄洁. 国家级风景名胜区的品牌资产研究[D]. 上海：复旦大学，2012.